중국어, 이젠 즐기세요!

JRC快乐汉语
创造美好未来

www.JRChina.com

목표
달성
중국어

Level *3*

목표 달성 중국어 Level **3**

초판 1쇄 발행	2016년 10월 30일
초판 2쇄 발행	2018년 2월 10일

편저	吴中伟 l 高顺全 l 陶炼
편역	박정순
발행인	김효정
발행처	맛있는books
등록번호	제2006-000273호
편집	이소연 l 김소연 l 조해천
디자인	신은지 l 최여랑
제작	박선희
영업	김영한 l 강민호
홍보	이지연
웹마케팅	오준석 l 김희영
삽화	박은미

주소	서울 강남구 테헤란로 109, 8층
전화	구입문의 02·567·3861 l 02·567·3837
	내용문의 02·567·3860
팩스	02·567·2471
홈페이지	www.booksJRC.com

ISBN	978-89-98444-82-2 14720
	978-89-98444-79-2 (세트)

정가	14,500원(본책+워크북+MP3 CD 1장 포함)

《拾级汉语》
吴中伟 高顺全 陶炼 主编
9787561919392
Copyright © 2007 by Beijing Language and Culture University Press
All rights reserved
KOREA copyright © 2016 by JRC BOOKS
KOREAN edition arranged with Beijing Language and Culture University Press

목표달성 중국어

吴中伟 · 高顺全 · 陶炼 편저

박정순 편역

Level **3**

『목표 달성 중국어』로 여러분의 목표를 달성해 보세요!

『**목표 달성 중국어**』는 북경어언대학에서 출간한 『拾级汉语(综合课本)』의 한국어판입니다. 『拾级汉语』는 대외 한어에 대한 교육법을 다년간 연구한 교수진에 의해 공동 기획 및 집필된 교재입니다. 중국에서 출간되기 전에 이미 복단대학 국제문화교류학원에서 실제 수업에 사용하여 검증을 마친 양질의 콘텐츠가 수록된 교재로, 한국어판은 한국 학습자들의 요구에 맞춰 의사소통 중심으로 최적화되었습니다.

『**목표 달성 중국어**』는 국가 한반(汉办)에서 제시한 「고등교육기관 외국 유학생 중국어 교육 요강」을 바탕으로 종합적으로 설계되었습니다. 학습자는 듣기, 말하기, 읽기, 쓰기 각 영역의 언어 능력을 발전시키고 중국어 의사소통 능력을 배양할 수 있습니다. 회화 내용의 재미와 실용성을 중시하여 일상생활, 교제, 사회 생활 등과 직접적으로 연관되는 주제를 선정하였고, 단계별로 주제가 연계되어 있어 주제 확장 및 반복 학습이 가능합니다. 어법 설명은 간략하고 중점적인 부분에 치중하였으며, 발음 연습, 문형 연습, 회화 연습 등 코너는 학습자의 이해력과 언어 학습의 교제 능력을 고려하여 설계했습니다.

『**목표 달성 중국어 Level 3**』는 회화, 독해, 듣기 이 세 가지에 집중하여 학습자들이 한 걸음 더 나아갈 수 있도록 실력을 닦는 데 즈안점을 두었습니다.

『**목표 달성 중국어 Level 3**』는 중국어 초급자를 대상으로 한 교재로 총 14과로 구성되어 있으며, 마지막 과에서는 1~13과에서 배운 어법 내용을 회화를 통해 복습할 수 있습니다. 또한 회화 연습 코너를 통해 듣기와 말하기 능력을 동시에 트레이닝 할 수 있고, 본문 코너를 통해 초급 독해 실력을 배양할 수 있습니다.

연계 심화 학습이 가능합니다.

1, 2단계와 회화 주제, 어법 등이 서로 연계되어 있으며, 3단계에서는 중국 현지 생활에서 자주 접하는 주제로 심화 학습을 할 수 있습니다.

간결하게 핵심만 정리되어 있습니다.

언어의 뼈대를 이해하고 말하기 능력을 향상시키기 위해서는 어법 체계를 알아야 합니다. 이론적인 내용보다는 간결한 설명과 쉬운 예문을 통해 학습자가 쉽게 이해할 수 있습니다.

반복적이고 능동적으로 학습할 수 있습니다.

회화와 표현 및 어법이 고리처럼 서로 연결되어 있어 자연스럽게 반복 학습이 가능합니다. 참여형 연습 문제는 학습자에게 동기를 부여하여 학습 성취도를 높일 수 있습니다.

이렇게 구성된 『**목표 달성 중국어**』로 차근차근 학슬한다면 중국어의 실력을 확실히 다질 수 있습니다. 이 책으로 학습하는 여러분들의 중국어 실력이 더욱 탄탄해지길 기원합니다.

JRC중국어연구소

1 最近在忙什么?
요즘 뭐 하느라 바빠요?

동작의 상태

2 京剧我看过。
경극을 나는 본 적이 있어요.

了, 过, (是)…的 비교 / 동사구의 연용

3 他介绍得一点儿也不对。
그가 소개한 것은 조금도 맞지 않아요.

변화를 나타내는 了 / 정도보어 / 형용사 중첩 / 一点儿也不…

4 他出去了。
그는 나갔어요.

방향동사 / 请, 叫, 让+사람+동사

5 我不会做菜。
나는 요리를 할 줄 몰라요.

여러 가지 조동사 / 동사 중첩 / 동사(구)+조사 的

6 我的家乡比这儿冷多了。
내 고향은 여기보다 훨씬 추워요.

비교법

7 我的自行车摔坏了。
내 자전거가 망가졌어요.

결과보어 / 동사+着

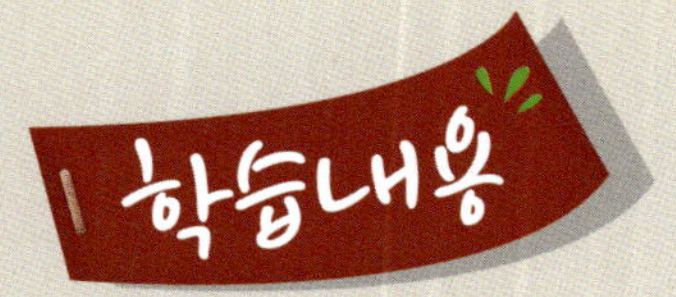

학습내용

• 목표 달성 중국어 Level 3 •

과	단원명	핵심 구문	학습 포인트	중국통
1	最近在忙什么? 요즘 뭐 하느라 바빠요?	• 下个月就要毕业了。 • 刚刚写完论文，正在找工作。 • 找了几家公司，都不太满意。 • 昨天晚上的比赛看了没有?	회화 • 안부 묻기 어법 • 동작의 상태	중국인이 선호하는 직업
2	京剧我看过。 경극을 나는 본 적이 있어요.	• 以前跟他们比过吗? • 明天晚上我请你看京剧，怎么样? • 京剧我看过，没意思。 • 过了期要罚款的。	회화 • 여가 생활 어법 • 了, 过, (是)…的 비교 • 동사구의 연용	중국인이 좋아하는 스포츠
3	他介绍得一点儿也不对。 그가 소개한 것은 조금도 맞지 않아요.	• 她个子高高的，瘦瘦的，头发长长的。 • 现在已经三点半了，你们来得太晚了。 • 他介绍得一点儿也不对。	회화 • 소개하기 • 인물 묘사하기 어법 • 변화를 나타내는 了 • 정도보어 • 형용사 중첩 • 一点儿也不…	중국의 미인
4	他出去了。 그는 나갔어요.	• 他什么时候回来? • 有什么事儿吗? • 请他看学校的通知。 • 他回来以后，我一定告诉他。	회화 • 메시지 전달하기 어법 • 방향동사 • 请, 叫, 让+사람+동사	중국인은 慢慢地?
5	我不会做菜。 나는 요리를 할 줄 몰라요.	• 这是我做的菜，请大家尝尝。 • 又甜又酸。 • 我不会做菜，我只会吃。	회화 • 요리 설명하기 • 맛 표현하기 어법 • 여러 가지 조동사 • 동사 중첩 • 동사(구)+조사 的	음식 문화의 변화
6	我的家乡比这儿冷多了。 내 고향은 여기보다 훨씬 추워요.	• 你听天气预报了吗? • 最高温度20度，最低温度8度。 • 这儿的冬天常常刮风、下雨，比我的家乡冷多了。	회화 • 계절과 날씨에 대해 말하기 어법 • 비교법	중국인의 여름 나기
7	我的自行车摔坏了。 내 자전거가 망가졌어요.	• 你摔伤了没有? • 胳膊有点儿疼，衣服也摔破了。 • 我穿着雨衣，没看见。	회화 • 상황 설명하기 어법 • 결과보어 • 동사+着	교통수단의 변화

회화에서 배울 단어 학습!

주요 단어에는 예문을 함께 제시하여 단어의 쓰임을 알 수 있습니다.

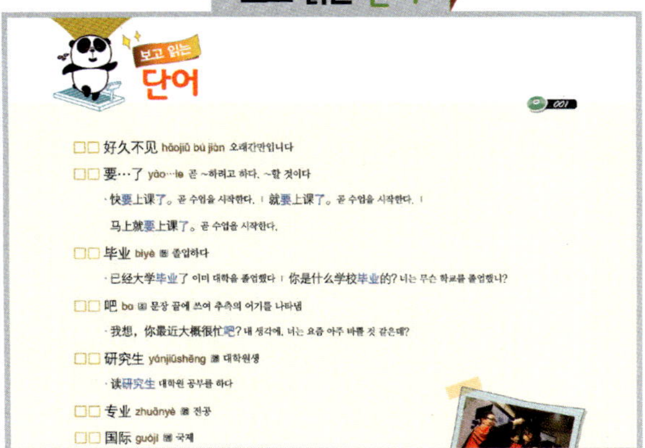

생생하고 정확한 중국어!

룸메이트 소개하기, 집 구하기, 반품하기 등 중국 현지 생활에서 자주 접할 수 있는 실감 나는 중국어를 학습할 수 있습니다.

tip 회화에 제시된 표현을 정리했습니다.

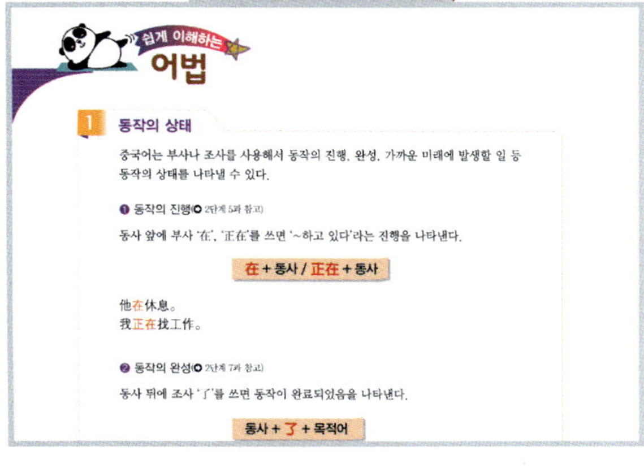

간단하고 명료한 설명!

중국어의 뼈대를 이루는 어법을 알기 쉽게 설명했습니다. 「확인 체크」를 통해 학습 내용을 체크해 보세요.

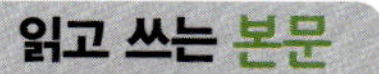

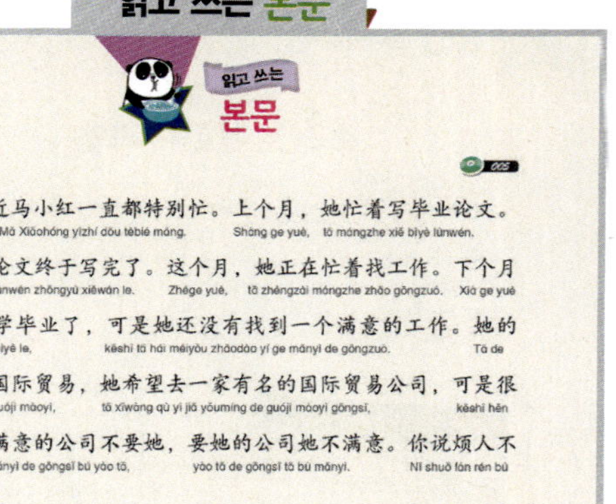

문장을 꿰뚫는 쉬운 독해

회화의 내용을 본문으로 정리했습니다. 문장을 읽는 독해력과 글을 쓰는 문장력을 함께 배양해 보세요.

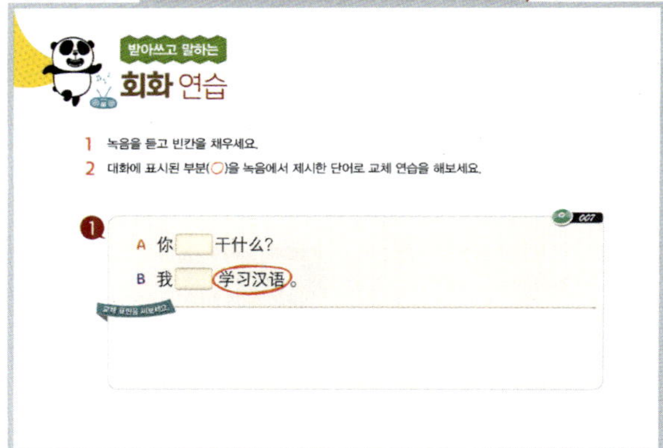

듣기와 말하기를 동시에!

녹음을 듣고 회화를 완성한 후, 교체 단어로 다양한 문장을 연습해 보세요.

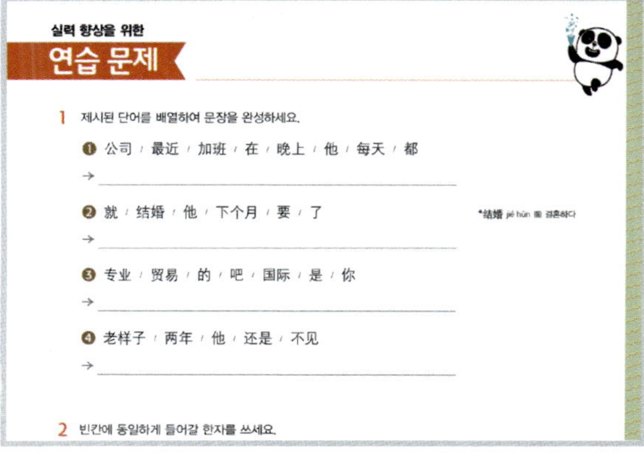

연습 문제로 마무리!

기본에서 실력까지 탄탄한 문제 해결력을 키울 수 있습니다.

중국과 중국어에 대한 정보를 소개했습니다. 「좀 더 알아보세요!」를 능동적으로 조사하면서 중국에 대해 스스로 흥미를 가질 수 있습니다.

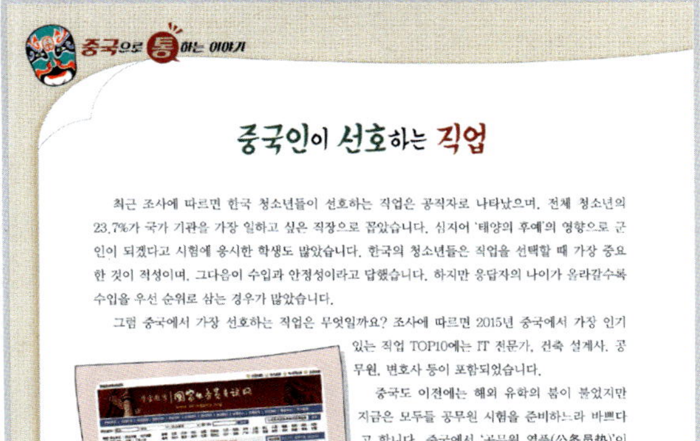

듣고 말하고, 읽고 쓰는 워크북

看&写

녹음을 들으며 주요 단어를 정확하게 쓰고 바르게 익혀 보세요.

听&写

단어 받아쓰기, 문장 완성하기 등의 문제를 통해 듣기 능력을 향상시켜 보세요.

看&说

그림을 보고 자유롭게 대화를 완성해 보세요.

读&写

해석하기, 문장 바르게 고치기, 중작하기 등의 문제를 통해 올바른 중국어 실력을 배양해 보세요.

*정답 & MP3 파일은 맛있는북스 홈페이지(www.booksJRC.com)에서 무료로 다운로드 할 수 있습니다.

请打开书，翻到第三页。
Qǐng dǎkāi shū, fāndào dì-sān yè.

3쪽을 펴주세요.

请跟我读。
Qǐng gēn wǒ dú.

저를 따라 읽어 보세요.

请看黑板。
Qǐng kàn hēibǎn.

칠판을 보세요.

今天的作业是练习一和练习二。
Jīntiān de zuòyè shì liànxí yī hé liànxí èr.

오늘 숙제는 연습 문제 1과 2입니다.

请再说一遍。
Qǐng zài shuō yí biàn.

다시 한 번 말씀해 주세요.

这是什么意思？
Zhè shì shénme yìsi?

이것은 무슨 뜻이에요?

일러두기

품사명	약어	품사명	약어	품사명	약어
명사	명	고유명사	고유	조동사	조동
동사	동	인칭대사	대	접속사	접
형용사	형	의문대사	대	감탄사	감탄
부사	부	지시대사	대	수량사	수량
수사	수	어기조사	조	성어	성
양사	양	동태조사	조	접두사	접두
개사	개	구조조사	조	접미사	접미

★ 고유명사 표기 ★

중국의 지명, 기관 등의 명칭은 중국어 발음을 한국어로 표기하였고, 인명은 각 나라에서 실제로 읽히는 발음을 한국어로 표기했습니다.

예 北京 Běijīng 베이징 | 马小红 Mǎ Xiǎohóng 마샤오훙 | 大卫 Dàwèi 데이비드

주요 등장인물

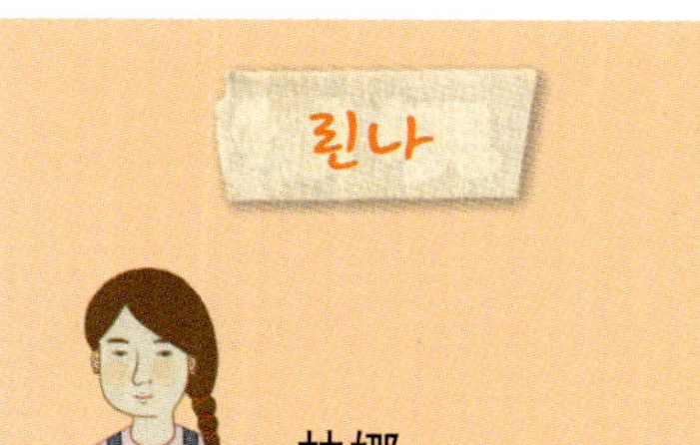

린나

林娜
Línnà

프랑스인, 20대, 유학생

데이비드

大卫
Dàwèi

영국인, 20대, 직장인

다나카

田中
Tiánzhōng

일본인, 30대,
린나의 룸메이트

알렉산더

亚历山大
Yàlìshāndà

러시아인, 20대,
유학생

마샤오훙

马小红
Mǎ Xiǎohóng

중국인, 20대, 대학생

이대중

李大中
Lǐ Dàzhōng

한국인, 20대, 직장인

왕린

王林
Wáng Lín

화교, 20대,
이대중의 룸메이트

사샤리

沙夏丽
Shāxiàlì

아프리카인, 20대,
유학생

왕 선생님

王老师
Wáng lǎoshī

중국인, 30대,
중국어 선생님

1

最近在忙什么?

요즘 뭐 하느라 바빠요?

\ 회화 /

안부 묻기

\ 어법 /

동작의 상태

☐☐ 好久不见 hǎojiǔ bú jiàn 오래간만입니다

☐☐ 要…了 yào…le 곧 ~하려고 하다, ~할 것이다

· 快**要**上课**了**。곧 수업을 시작한다. ㅣ 就**要**上课**了**。곧 수업을 시작한다. ㅣ

　马上就**要**上课**了**。곧 수업을 시작한다.

☐☐ 毕业 bìyè 통 졸업하다

· 已经大学**毕业**了 이미 대학을 졸업했다 ㅣ 你是什么学校**毕业**的? 너는 무슨 학교를 졸업했니?

☐☐ 吧 ba 조 문장 끝에 쓰여 추측의 어기를 나타냄

· 我想，你最近大概很忙**吧**? 내 생각에, 너는 요즘 아주 바쁠 것 같은데?

☐☐ 研究生 yánjiūshēng 명 대학원생

· 读**研究生** 대학원 공부를 하다

☐☐ 专业 zhuānyè 명 전공

☐☐ 国际 guójì 명 국제

· **国际**关系 국제 관계

☐☐ 经济 jīngjì 명 경제

☐☐ 贸易 màoyì 명 무역

· 国际**贸易** 국제 무역

☐☐ 找 zhǎo 통 찾다

☐☐ 找到 zhǎodào 통 찾아내다

· 我在找我的钥匙，还没**找到**。나는 내 열쇠를 찾고 있는데, 아직 찾지 못했다.

☐☐ 应该 yīnggāi 조동 응당 ~할 것이다, 마땅히 ~해야 한다

☐☐ 最近 zuìjìn 명 최근, 요즘

☐☐ 老样子 lǎo yàngzi 옛 모습

□□ 特别 tèbié 🕮 아주, 특히

· 特别漂亮 아주 예쁘다 ｜ 特别贵 아주 비싸다

□□ 完 wán 다하다, 끝내다

· 看完 다 보다 ｜ 写完 다 쓰다 ｜ 说完 말을 마치다

□□ 论文 lùnwén 🕮 논문

□□ 满意 mǎnyì 🕮 만족스럽다, 만족하다

□□ 对…满意 duì…mǎnyì ~에 대해 만족스럽다

· 我对那个超市不太满意。 나는 그 마트가 그다지 마음에 들지 않는다.

□□ 着急 zháojí 🕮 조급하다, 안달하다

· 别着急。 조급해하지 마. ｜ 他非常着急。 그는 매우 조급해한다.

□□ 祝 zhù 🕮 축하하다, 빌다

□□ 好运 hǎoyùn 🕮 행운

· 祝你好运! 행운을 빌어!

□□ 白天 báitiān 🕮 낮

□□ 夜里 yèli 🕮 밤중

□□ 比赛 bǐsài 🕮 시합, 경기 🕮 시합하다, 겨루다

□□ 场 chǎng 🕮 (문예·오락·체육 활동에서) 회, 번, 차례

· 一场比赛 한 번의 시합

□□ 加班 jiā bān 🕮 초과 근무를 하다, 잔업하다

· 今天晚上我加班。 오늘 저녁 나는 잔업한다.

□□ 世界杯 Shìjiè Bēi 🕮 월드컵

착急

比赛

회화 01 다나카와 마샤오훙이 오랜만에 만났다　　　002

田中　好久不见!
　　　Hǎojiǔ bú jiàn!

马小红　好久不见!
　　　Hǎojiǔ bú jiàn!

田中　你快要毕业了吧?
　　　Nǐ kuàiyào bìyè le ba?

马小红　是啊。下个月就要毕业了。
　　　Shì a.　　Xià ge yuè jiùyào bìyè le.

田中　毕业以后是工作还是读研究生?
　　　Bìyè yǐhòu shì gōngzuò háishi dú yánjiūshēng?

马小红　我不想读研究生，我要工作。
　　　Wǒ bù xiǎng dú yánjiūshēng，　wǒ yào gōngzuò.

田中　你的专业是国际经济吧?
　　　Nǐ de zhuānyè shì guójì jīngjì ba?

马小红　不是，是国际贸易。
　　　Bú shì，　shì guójì màoyì.

田中　那找一个好工作应该没有问题。[1]
　　　Nà zhǎo yí ge hǎo gōngzuò yīnggāi méiyǒu wèntí.

tip

1　'没有问题'는 '문제가 없다'라는 뜻으로, '좋은 직업을 찾는 일은 비교적 쉽
　　다'라는 의미이다.

马小红　林娜，你最近怎么样啊？
Línnà, nǐ zuìjìn zěnmeyàng a?

林娜　老样子。你呢？
Lǎo yàngzi. Nǐ ne?

马小红　特别忙。
Tèbié máng.

林娜　是吗？
Shì ma?

马小红　刚刚写完论文，正在找工作。
Gānggāng xiěwán lùnwén, zhèngzài zhǎo gōngzuò.

林娜　工作找到了吗？
Gōngzuò zhǎodào le ma?

马小红　找了几家公司，都不太满意。
Zhǎole jǐ jiā gōngsī, dōu bú tài mǎnyì

林娜　别着急。祝你好运！
Bié zháojí. Zhù nǐ hǎoyùn!

马小红　谢谢！
Xièxie!

大卫	最近忙吗? Zuìjìn máng ma?
李大中	最近特别忙。 Zuìjìn tèbié máng.
大卫	是吗? 在忙什么呀? Shì ma? Zài máng shénme ya?
李大中	白天考试,夜里看世界杯。你也很忙吧? Báitiān kǎoshì, yèli kàn Shìjiè Bēi. Nǐ yě hěn máng ba?
大卫	我还可以。 Wǒ hái kěyǐ.
李大中	昨天晚上的比赛看了没有? Zuótiān wǎnshang de bǐsài kàn le méiyǒu?
大卫	没看。我昨天晚上在公司加班。 Méi kàn. Wǒ zuótiān wǎnshang zài gōngsī jiā bān.

1 동작의 상태

중국어는 부사나 조사를 사용해서 동작의 진행, 완성, 가까운 미래에 발생할 일 등 동작의 상태를 나타낼 수 있다.

❶ 동작의 진행(◐ 2단계 5과 참고)

동사 앞에 부사 '在', '正在'를 쓰면 '~하고 있다'라는 진행을 나타낸다.

在 + 동사 / 正在 + 동사

他在休息。
我正在找工作。

❷ 동작의 완성(◐ 2단계 7과 참고)

동사 뒤에 조사 '了'를 쓰면 동작이 완료되었음을 나타낸다.

동사 + 了 + 목적어

我找了几家公司，都不太满意。

A 昨天晚上的比赛你看了没有?
B 我没看。

❸ 동작이 가까운 미래에 발생하는 경우

要…了

我们要毕业了。

멀지 않은 미래에 동작이 발생할 때는 '要…了' 앞에 '快', '就'를 쓸 수 있다. '就要…了' 앞에는 시간사를 쓸 수 있으나, '快要…了' 앞에는 시간사를 쓸 수 없다.

我们快要毕业了。
我们就要毕业了。
我们下个月就要毕业了。

❶

______________________________(在)

❷

______________________________(了)

❸

______________________________(要…了)

005

最近马小红一直都特别忙。上个月，她忙着写毕业论文。
Zuìjìn Mǎ Xiǎohóng yìzhí dōu tèbié máng.　　Shàng ge yuè,　tā mángzhe xiě bìyè lùnwén.

现在，论文终于写完了。这个月，她正在忙着找工作。下个月
Xiànzài,　lùnwén zhōngyú xiěwán le.　　Zhège yuè,　tā zhèngzài mángzhe zhǎo gōngzuò.　Xià ge yuè

就要大学毕业了，可是她还没有找到一个满意的工作。她的
jiùyào dàxué bìyè le,　　kěshì tā hái méiyǒu zhǎodào yí ge mǎnyì de gōngzuò.　　Tā de

专业是国际贸易，她希望去一家有名的国际贸易公司，可是很
zhuānyè shì guójì màoyì,　　tā xīwàng qù yì jiā yǒumíng de guójì màoyì gōngsī,　kěshì hěn

难。她满意的公司不要她，要她的公司她不满意。你说烦人不
nán.　Tā mǎnyì de gōngsī bú yào tā,　　yào tā de gōngsī tā bù mǎnyì.　　Nǐ shuō fán rén bù

烦人？
fán rén?

006

□□ 一直 yìzhí 囝 줄곧, 계속

□□ 着 zhe 函 ~하고 있다, ~한 채로 있다

□□ 终于 zhōngyú 囝 마침내

□□ 希望 xīwàng 몡 희망 동 희망하다, 바라다

□□ 烦人 fán rén 사람을 짜증 나게 하다

1 녹음을 듣고 빈칸을 채우세요.

2 대화에 표시된 부분(○)을 녹음에서 제시한 단어로 교체 연습을 해보세요.

① 007

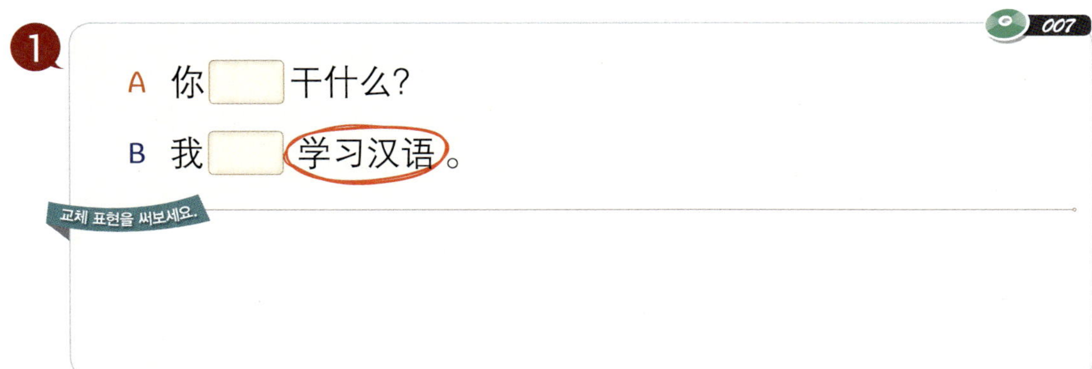

② 008

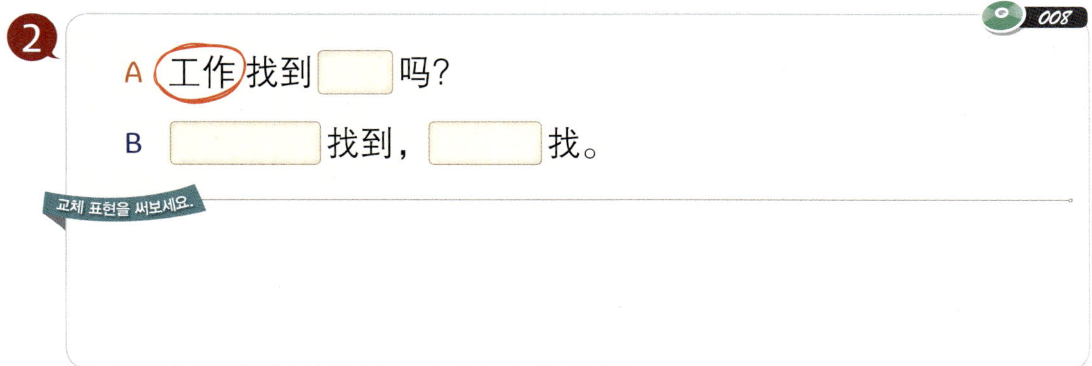

③ 009

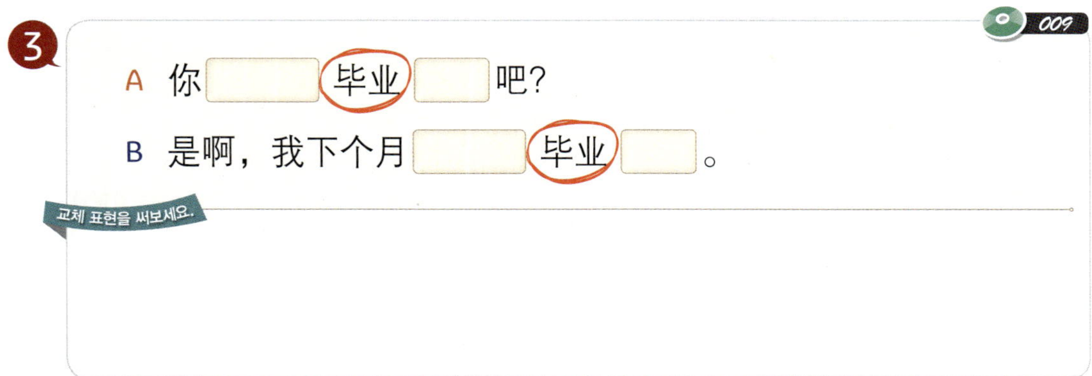

1 제시된 단어를 배열하여 문장을 완성하세요.

❶ 公司 / 最近 / 加班 / 在 / 晚上 / 他 / 每天 / 都

→ ____

❷ 就 / 结婚 / 他 / 下个月 / 要 / 了

→ ____

＊结婚 jié hūn 图 결혼하다

❸ 专业 / 贸易 / 的 / 吧 / 国际 / 是 / 你

→ ____

❹ 老样子 / 两年 / 他 / 还是 / 不见

→ ____

2 빈칸에 동일하게 들어갈 한자를 쓰세요.

❶ 他的女朋友特_____可爱。

　 我也不知道，你问_____的同学吧。

❷ 祝你好_____。

　 你应该多_____动。

❸ 他在贸_____公司工作。

　 学好汉语不太容_____。

❹ 我每天都要_____班。

　 服务员，给我们_____点儿茶水。

＊茶水 cháshuǐ 图 찻물, 끓인 물

3 다음 문장을 완성하세요.

❶ _____________________________，我非常着急。

❷ _____________________________，我很高兴。

❸ _____________________________，我不太满意。

중국인이 선호하는 직업

최근 조사에 따르면 한국 청소년들이 선호하는 직업은 공직자로 나타났으며, 전체 청소년의 23.7%가 국가 기관을 가장 일하고 싶은 직장으로 꼽았습니다. 심지어 '태양의 후예'의 영향으로 군인이 되겠다고 시험에 응시한 학생도 많았습니다. 한국의 청소년들은 직업을 선택할 때 가장 중요한 것이 적성이며, 그다음이 수입과 안정성이라고 답했습니다. 하지만 응답자의 나이가 올라갈수록 수입을 우선 순위로 삼는 경우가 많았습니다.

그럼 중국에서 가장 선호하는 직업은 무엇일까요? 조사에 따르면 2015년 중국에서 가장 인기 있는 직업 TOP10에는 IT 전문가, 건축 설계사, 공무원, 변호사 등이 포함되었습니다.

중국도 이전에는 해외 유학의 붐이 불었지만 지금은 모두들 공무원 시험을 준비하느라 바쁘다고 합니다. 중국에서 '공무원 열풍(公务员热)'이 일어나는 것도 월급이 아주 높지는 않지만 안정적이고 복지 혜택을 누릴 수 있다는 장점 때문입니다. '铁饭碗(tiěfànwǎn 철밥통)'은 '깨지지 않는 밥그릇'이라는 뜻으로 안정적이어서 실업의 염려가 없는 직장을 가리키는데요, 공무원이 이에 해당됩니다.

중국의 공무원 시험 관련 사이트

중국에서 행복 지수가 제일 높은 직업을 조사한 결과, 1위는 프리랜서, 2위는 교사, 3위는 정부 관리, 예술가, 공무원, 가이드 순으로 나타났습니다. 그리고 응답자들은 행복 지수는 돈과는 필연적인 관계가 없다고 답했습니다.

'90后(jiǔ líng hòu 90년대 이후 출생한 사람)'는 높은 월급보다는 안정적인 직장을 더 선호한다고 했으며, 필요에 따라서 이직(跳槽 tiàocáo)을 할 수도 있고 창업(创业 chuàngyè)을 할 수도 있다고 답했습니다.

행복 지수가 높은 직업인 교사

⊙ 좀 더 알아보세요!

중국의 고3 수험생들이 가장 선호하는 전공은 무엇인지 알아보세요.

2

京剧我看过。

경극을 나는 본 적이 있어요.

\회화/

여가 생활

\어법/

了, 过, (是)…的 비교 / 동사구의 연용

□□ 打球 dǎ qiú 공을 치다, 공놀이하다

□□ 打 dǎ 동 (놀이·운동 등을) 하다

□□ 球 qiú 명 공

□□ 系 xì 명 학과

　　· 中文系 중국어과 ｜ 外语系 외국어과

□□ 乒乓球 pīngpāngqiú 명 탁구

　　· 打乒乓球 탁구를 치다

乒乓球

□□ 输 shū 동 지다

　　· 我们输了。우리가 졌다.

□□ 篮球 lánqiú 명 농구

　　· 打篮球 농구를 하다

□□ 赢 yíng 동 이기다

　　· 我们赢了。우리가 이겼다.

□□ 踢足球 tī zúqiú 축구를 하다

□□ 踢 tī 동 차다

□□ 足球 zúqiú 명 축구

□□ 参加 cānjiā 동 참가하다, 참여하다

　　· 参加比赛 시합에 참가하다

京剧

□□ 话 huà 명 말

　　· 说话 말하다, 이야기하다 ｜ 他的话 그의 말

□□ 京剧 jīngjù 명 경극

□□ 演出 yǎnchū 명동 공연(하다)

□□ 会 huì 조동 ~할 수 있다, ~할 줄 알다

　　· 会说汉语 중국어를 말할 수 있다 ｜ 会唱京剧 경극을 부를 수 있다

□□ 学生会 xuéshēnghuì 명 학생회

□□ 团 tuán 명 단체, 집단, 그룹

·旅行团 여행단 | 京剧团 경극단

☐☐ 活动 huódòng 몡 행사, 활동 동 활동하다, 움직이다

·参加活动 행사에 참가하다 | 出去活动一下儿 나가서 활동 좀 하자

☐☐ 卖 mài 동 팔다

·卖给他一本书 그에게 책 한 권을 팔다

☐☐ 送 sòng 동 보내다, 주다

·送给他一本书 그에게 책 한 권을 보내다

☐☐ 给 gěi ~에게

·卖给他 그에게 팔다 | 借给他 그에게 빌려 주다 | 还(huán)给他 그에게 돌려주다

☐☐ 做 zuò 동 하다

·做工作 일을 하다 | 做事 일을 하다 | 做饭 밥을 하다

☐☐ 生意 shēngyi 몡 장사, 사업

·做生意 장사를 하다 | 生意很好 장사가 잘 되다

☐☐ 得 děi 조동 ~해야 한다

·今天晚上我得加班。오늘 저녁 나는 야근을 해야 한다.

☐☐ 还 huán 동 돌려주다

·还给他一本书 그에게 책 한 권을 돌려주다

☐☐ 图书馆 túshūguǎn 몡 도서관

☐☐ 过期 guò qī 동 기간이 지나다, 기한을 넘기다

·这个面包过期了。이 빵은 유통 기간이 지났다. | 这张票已经过期了。이 표는 이미 기한이 지났다.

☐☐ 罚款 fá kuǎn 동 벌금을 내다, 벌금을 부과하다

·坐火车不买票，要罚款的。기차를 타면서 표를 사지 않으면 벌금을 내야 한다.

☐☐ 美国 Měiguó 고유 미국

회화 01　데이비드가 농구공을 들고 다가온다　🔘 011

李大中　你去打球？
Nǐ qù dǎ qiú?

大卫　对，今天有一场比赛。
Duì,　jīntiān yǒu yì chǎng bǐsài.

李大中　跟谁比赛？
Gēn shéi bǐsài?

大卫　跟中文系。
Gēn Zhōngwén xì.

李大中　以前跟他们比过吗？
Yǐqián gēn tāmen bǐguo ma?

大卫　上次跟他们打乒乓球，我们输了。
Shàngcì gēn tāmen dǎ pīngpāngqiú,　wǒmen shū le.

这次跟他们打篮球，我们一定能赢。
Zhècì gēn tāmen dǎ lánqiú,　wǒmen yídìng néng yíng.

李大中　是吗？下次要是跟他们踢足球，别忘了告诉我。
Shì ma?　Xiàcì yàoshi gēn tāmen tī zúqiú,　bié wàngle gàosu wǒ.

我也参加。
Wǒ yě cānjiā.

大卫　你也参加？你行吗？
Nǐ yě cānjiā?　Nǐ xíng ma?

李大中　什么话！[1] 我怎么不行！[2]
Shénme huà!　Wǒ zěnme bùxíng!

tip

1　'什么话'는 '무슨 말이야', '무슨 소리야'라는 뜻으로, 상대방의 말에 동의하지 않을 때 사용한다.

2　'不行'은 '안 된다'라는 뜻이다. '我怎么不行'은 '나는 왜 안 돼' 즉, '나는 할 수 있어'라는 의미이다. 여기서 '怎么'는 반문을 나타낸다.

王林
明天晚上我请你看京剧，怎么样？
Míngtiān wǎnshang wǒ qǐng nǐ kàn jīngjù,   zěnmeyàng?

亚历山大
京剧我看过，没意思。
Jīngjù wǒ kànguo,   méi yìsi.

王林
怎么没意思？
Zěnme méi yìsi?

亚历山大
看不懂。
Kàn bu dǒng.

王林
可是，明天晚上的京剧特别有意思。
Kěshì,   míngtiān wǎnshang de jīngjù tèbié yǒu yìsi.

亚历山大
你怎么知道？
Nǐ zěnme zhīdao?

王林
因为明天晚上我也参加演出。
Yīnwèi míngtiān wǎnshang wǒ yě cānjiā yǎnchū.

亚历山大
是吗？你会唱京剧？什么时候学的？
Shì ma?   Nǐ huì chàng jīngjù?   Shénme shíhou xué de?

王林
学生会有一个京剧团，我每个周末都参加他们的活动。
Xuéshēnghuì yǒu yí ge jīngjùtuán,   wǒ měi ge zhōumò dōu cānjiā tāmen de huódòng.
明天晚上我们演出，你不想去看看吗？
Míngtiān wǎnshang wǒmen yǎnchū, nǐ bù xiǎng qù kànkan ma?

亚历山大
有意思。我一定去看。
Yǒu yìsi.   Wǒ yídìng qù kàn.

王林
给你两张票。
Gěi nǐ liǎng zhāng piào.

亚历山大
多少钱一张？
Duōshao qián yì zhāng?

王林　　不卖。送给你。
Bú mài.　　Sònggěi nǐ.

沙夏丽　周末你出去了吗？
Zhōumò nǐ chūqu le ma?

田中　没有，我看了一本书。
Méiyǒu,　　wǒ kànle yì běn shū.

沙夏丽　什么书？
Shénme shū?

田中　一本英文书，书名叫《怎么跟中国人做生意》。
Yì běn Yīngwén shū,　　shūmíng jiào 《Zěnme gēn Zhōngguó rén zuò shēngyi》.

你看过吗？
Nǐ kànguo ma?

沙夏丽　没看过。这本书是谁写的？
Méi kànguo.　　Zhè běn shū shì shéi xiě de?

田中　是一个美国人写的。
Shì yí ge Měiguó rén xiě de.

沙夏丽　这本书怎么样？
Zhè běn shū zěnmeyàng?

田中　很不错。你也应该看看。
Hěn búcuò.　　Nǐ yě yīnggāi kànkan.

沙夏丽　那就借给我吧。
Nà jiù jiègěi wǒ ba.

田中	对不起，我得马上还给图书馆。
	Duìbuqǐ, wǒ děi mǎshàng huángěi túshūguǎn.
沙夏丽	为什么？
	Wèi shénme?
田中	快一个月了。过了期要罚款的。
	Kuài yí ge yuè le. Guòle qī yào fa kuǎn de.

1 了, 过, (是)…的 비교

❶ 동작이 이미 완성되었음을 나타낼 때는 '了'를 사용한다.

❷ 과거의 경험을 나타낼 때는 '过'를 사용한다. (➲ 2단계 11과 참고)

❸ 상대방이 이 사건이 과거에 발생했거나 발생한 적이 있다는 것을 알고 있고, 발생한 시간, 장소, 방식 등을 강조하려고 할 때는 '(是)…的' 구문을 사용한다. (➲ 2단계 8과 참고)

A 那本书我已经还给图书馆了。
B 是吗? (是)什么时候还的?
A 昨天。

A 你会说法语吗?
B 会说，我学过。
A (是)什么时候学的?
B 去年。

---

tip

过의 다양한 쓰임

① 동사 뒤에서 동작의 경험을 나타내는 동태조사로 쓰인다.

吃过 먹어 본 적이 있다　去过 가 본 적이 있다

② '건너다', '시간을 보내다', '범위 한도를 초과하다', '과하거나 지나치다' 등 다양한 의미로 쓰인다.

过马路 대로를 건너다
周末过得怎么样? 주말은 어떻게 보냈어?
过期了 기한이 넘었다
有点儿过分 좀 지나치다

❶ A 上星期一我去______北京。

　　B 你是怎么去______？

　　A 坐飞机。

❷ A 你以前去______北京吗？

　　B 没有，这是第一次。

❸ A 你昨天干什么______？

　　B 我去踢足球______。

동사구의 연용

중국어는 한 문장에 몇 개의 동사를 연이어 사용할 수 있다.

……동사₁……동사₂……

❶ 몇 개의 동사가 주어를 설명하는 연동문

我去打球。
我要去买东西。
你坐火车去还是坐飞机去？

❷ 두 번째 동사가 첫 번째 동사의 목적어를 설명하는 겸어문

我请你看京剧。
请您再说一遍。
以后我请你们一起去唱歌跳舞。

위 두 문형을 부정할 때, 부정사는 첫 번째 동사 앞에 위치한다.

A 你明天去不去打球？
B 我不去。

A 你昨天去没去打球？
B 我没去。

A 明天的活动，你请不请他参加？
B 当然请。

A 昨天的活动，他请没请你参加？
B 当然请了。

✔ **확인 체크**   제시된 단어를 배열하여 문장을 완성하세요.

❶ 我 / 一 / 本 / 图书馆 / 还 / 中文书 / 去

→ ________________________

❷ 我们 / 去 / 他们的 / 学校 / 参观了

→ ________________________

我们每天的生活很有意思。除了学习汉语，我们还有很多
Wǒmen měi tiān de shēnghuó hěn yǒu yìsi.　Chúle xuéxí Hànyǔ,　wǒmen hái yǒu hěn duō

活动。我们的兴趣很不一样。大卫喜欢打篮球，他是学校篮球
huódòng.　Wǒmen de xìngqù hěn bù yíyàng.　Dàwèi xǐhuan dǎ lánqiú,　tā shì xuéxiào lánqiú

队的队员。王林参加了校学生会的京剧团，学会了唱京剧。
duì de duìyuán.　Wáng Lín cānjiāle xiào xuéshēnghuì de jīngjùtuán,　xuéhuìle chàng jīngjù.

田中喜欢看书，每天晚上都要去图书馆。我呢，喜欢踢足球，
Tiánzhōng xǐhuan kàn shū,　měi tiān wǎnshang dōu yào qù túshūguǎn.　Wǒ ne,　xǐhuan tī zúqiú,

每个周末都跟中国朋友一起踢足球。当然，有一点我们是一样
měi ge zhōumò dōu gēn Zhōngguó péngyou yìqǐ tī zúqiú.　Dāngrán,　yǒu yì diǎn wǒmen shì yíyàng

的，那就是，我们都喜欢学习汉语。
de,　nà jiù shì,　wǒmen dōu xǐhuan xuéxí Hànyǔ.

- 生活 shēnghuó 명 생활 동 살다, 생활하다
- 除了 chúle 개 ~을 제외하고, ~외에
- 兴趣 xìngqù 명 흥미, 취미
- 队 duì 명 팀
- 队员 duìyuán 명 팀원

1 녹음을 듣고 빈칸을 채우세요.

2 대화에 표시된 부분(○)을 녹음에서 제시한 단어로 교체 연습을 해보세요.

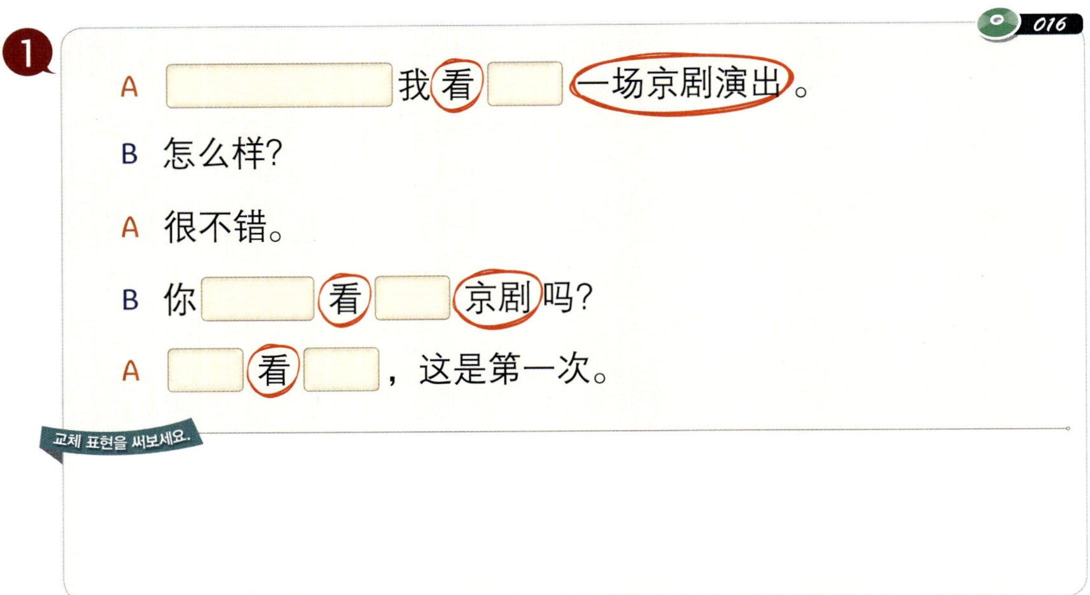

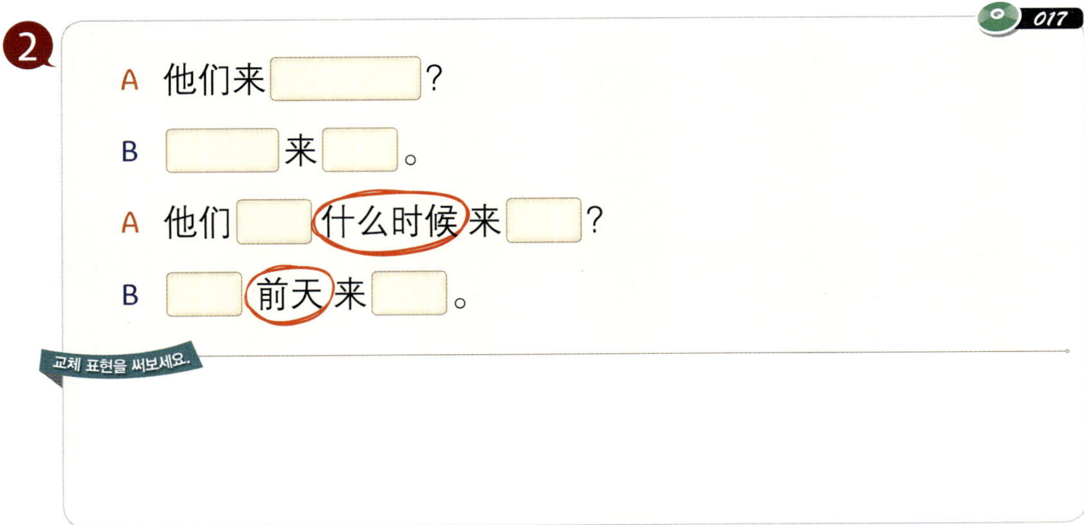

연습 문제

1 빈칸에 들어갈 알맞은 단어를 보기 에서 고르세요.

> 보기 ┃ 打　踢　做　买　卖　祝　罚　送　请

❶ ______你好运!

❷ 他每天下午都要去______足球。

❸ 这个商店______的面包不错，但是比较贵。

❹ 他在中国______什么生意?

❺ 明天晚上我______你吃饭。

2 보기 를 참고하여 다음 문장을 부정문과 의문문으로 바꾸세요.

> 보기
> 今天早上我吃了早饭。
> → 今天早上我没有吃早饭。
> → 今天早上你吃早饭了吗? / 今天早上你吃没吃早饭?

❶ 我去过学校旁边的那家酒吧。

→ ________________________。

→ ____________________? / ____________________?

❷ 昨天晚上我看了一场篮球比赛。

→ ________________________。

→ ____________________? / ____________________?

❸ 我今天晚上去图书馆学习。

→ ________________________。

→ ____________________? / ____________________?

❹ 我是去年九月来上海的。

→ ________________________。

→ ____________________? / ____________________?

중국인이 좋아하는 스포츠

한 조사에 따르면 우리나라 사람들은 대부분의 여가 시간을 휴식을 취하는 데 쓰고, 여가 활동 중 스포츠와 관련된 것은 9.2% 정도 된다고 합니다. 직접 참여하는 운동 가운데 제일 좋아하는 것은 축구가 1위이고, 등산과 야구가 그 뒤를 이었습니다. 그리고 가장 즐겨 보는 스포츠로는 야구, 축구, 농구 등이 있습니다.

중국은 구기 종목 중에서 농구(篮球)를 가장 좋아하며, 그다음으로 축구(足球)를 좋아한다고 합니다. 농구, 축구 외에도 탁구, 배드민턴을 즐겨 합니다.

중국인이 즐겨 하는 스포츠 농구

중국 사람들이 농구를 좋아하는 이유는 규모가 큰 경기장을 필요로 하는 축구보다는 농구가 훨씬 접하기 쉬운 운동이기도 하고, 야오밍(姚明 Yáo Míng)처럼 농구를 잘하는 대표적인 선수가 있어서이기도 합니다.

중국인들이 몸을 단련하기 위해 제일 즐겨 하는 운동은 달리기, 등산, 배드민턴입니다. 최근 달리기는 여가를 즐기는 하나의 방식으로 중국인들의 생활에 깊게 자리매김을 하고 있습니다.

대다수 사람들은 중국의 대표적인 운동 하면 태극권(太极拳 tàijíquán)을 생각할 텐데요, 태극권은 여전히 신체 단련뿐 아니라 마음의 수련과 명상까지 할 수 있는 운동이기는 하지만 나이 드신 분들이 좀 더 선호하는 운동으로 여겨지고 있습니다.

중국의 태극권

✪ 좀 더 알아보세요!

중국의 태극권에 대해 조사해 보세요.

他介绍得一点儿也不对。

그가 소개한 것은 조금도 맞지 않아요.

\ 회화 /

소개하기 / 인물 묘사하기

\ 어법 /

변화를 나타내는 了 / 정도보어 / 형용사 중첩 / 一点儿也不…

☐☐ 个子 gèzi 圐 키

☐☐ 高 gāo 圀 (키가) 크다, (높이가) 높다

☐☐ 瘦 shòu 圀 마르다, 여위다

☐☐ 头发 tóufa 圐 머리카락

☐☐ 晚 wǎn 圀 늦다

☐☐ 跟…有关系 gēn…yǒu guānxi ~와 관계가 있다

☐☐ 眼睛 yǎnjing 圐 눈

☐☐ 皮肤 pífū 圐 피부

☐☐ 白 bái 圀 하얗다, 희다

☐☐ 舞会 wǔhuì 圐 무도회, 댄스파티

· 开舞会 댄스파티를 열다 ㅣ 参加舞会 무도회에 참가하다 ㅣ 在舞会上 무도회에서

☐☐ 介绍 jièshào 圐 소개하다

☐☐ 胖 pàng 圀 (몸이) 뚱뚱하다

☐☐ 早 zǎo 圀 이르다, 빠르다

☐☐ 所以 suǒyǐ 圐 그래서, 그러므로

☐☐ 矮 ǎi 圀 (키가) 작다

☐☐ 黑 hēi 圀 검다

☐☐ 平时 píngshí 圐 평소, 평상시

□□ 穿 chuān 图 (옷·신발 등을) 입다, 신다

□□ 随便 suíbiàn 图 편한대로, 제멋대로, 마음대로

· 请随便坐。 편하게 앉으세요.

□□ T恤 T xù 图 티셔츠

· 一件T恤 티셔츠 한 장

□□ 条 tiáo 图 가늘고 긴 것을 세는 단위

· 一条裤子 바지 한 장

□□ 短裤 duǎnkù 图 반바지

□□ 短 duǎn 图 짧다

□□ 爱 ài 图 사랑하다, ~하기를 좋아하다

□□ 让 ràng 图 ~하게 하다, ~하도록 시키다

· 让我想一下儿。 제가 좀 생각하게 해주세요.

□□ 害怕 hàipà 图 무서워하다, 두려워하다

□□ 喝酒 hē jiǔ 술을 마시다

□□ 糊里糊涂 húlihútú 图 얼떨떨하다, 흐리멍덩하다

□□ 俩 liǎ 수량 둘

· 你们俩 너희 둘 ┃ 他们俩 그들 둘

□□ 真实 zhēnshí 图 진실하다

회화 **01** 교무실 안, 장 선생님을 찾는다 019

老师 **你们找谁?**
Nǐmen zhǎo shéi?

林娜 **我们找张老师。**
Wǒmen zhǎo Zhāng lǎoshī.

老师 **哪一个张老师?　这儿有两个张老师。**
Nǎ yí ge Zhāng lǎoshī?　Zhèr yǒu liǎng ge Zhāng lǎoshī.

田中 **她是女的。**
Tā shì nǚ de.

老师 **我们这儿[1]两个张老师都是女的。**
Wǒmen zhèr liǎng ge Zhāng lǎoshī dōu shì nǚ de.

林娜 **她个子高高的，　瘦瘦的，　头发长长的。**
Tā gèzi gāogāo de,　shòushòu de,　tóufa chángcháng de.

田中 **她是一班的汉语老师。　她说三点钟跟我们见面。**
Tā shì yī bān de Hànyǔ lǎoshī.　Tā shuō sān diǎnzhōng gēn wǒmen jiàn miàn.

老师 **可是，　现在已经三点半了，　你们来得太晚了，**
Kěshì,　xiànzài yǐjīng sān diǎn bàn le,　nǐmen lái de tài wǎn le,

她已经走了。
tā yǐjīng zǒu le.

tip

1　'这儿' 또는 '那儿'은 명사 또는 대사 뒤에 놓여 장소를 나타낸다.
　　我的词典在老师那儿。 내 사전은 선생님한테 있다.

大卫 从上个月开始，马丁学汉语学得特别努力，
Cóng shàng ge yuè kāishǐ, Mǎdīng xué Hànyǔ xué de tèbié nǔlì,

你们知道为什么吗？
nǐmen zhīdao wèi shénme ma?

林娜 不知道。为什么？
Bù zhīdào.　　Wèi shénme?

大卫 他有女朋友了。
Tā yǒu nǔpéngyou le.

林娜 有女朋友跟学习汉语有什么关系？[2]
Yǒu nǔpéngyou gēn xuéxí Hànyǔ yǒu shénme guānxi?

田中 他的女朋友是个中国大学生。
Tā de nǔpéngyou shì ge Zhōngguó dàxuéshēng.

王林 是吗？你们见过他女朋友吗？
Shì ma?　　Nǐmen jiànguo tā nǔpéngyou ma?

大卫 当然见过。她常常来留学生宿舍。
Dāngrán jiànguo.　　Tā chángcháng lái liúxuéshēng sùshè.

田中 她是我的好朋友。
Tā shì wǒ de hǎo péngyou.

王林 他女朋友长什么样子？
Tā nǔpéngyou zhǎng shénme yàngzi?

tip

2 'A跟B有关系'는 'A와 B가 관련이 있다'라는 뜻으로,
'有关系'는 '有关'으로 쓸 수 있다.

大卫
个子高高的，　瘦瘦的，　头发长长的，
Gèzi gāogāo de,　　shòushòu de,　　tóufa chángcháng de,

眼睛大大的，　皮肤白白的。
yǎnjing dàdà de,　　pífū báibái de.

田中
听说，她唱歌唱得非常好，跳舞也跳得不错。
Tīngshuō,　tā chàng gē chàng de fēicháng hǎo, tiào wǔ yě tiào de búcuò.

大卫
是的，他们就是在一次舞会上认识的。
Shì de,　　tāmen jiù shì zài yí cì wǔhuì shang rènshi de.

회화 03 제 룸메이트를 소개합니다 

老师
请大家介绍一下儿自己的同屋。
Qǐng dàjiā jièshào yíxiàr zìjǐ de tóngwū.

王林
我同屋高高的，　白白的，　胖胖的。他每天睡得很早，
Wǒ tóngwū gāogāo de,　　báibái de,　　pàngpàng de.　Tā měi tiān shuì de hěn zǎo,

起得很晚，吃得很多。他说他以前吃得很少，所以
qǐ de hěn wǎn,　chī de hěn duō.　Tā shuō tā yǐqián chī de hěn shǎo,　　suǒyǐ

很瘦，现在吃得多了，所以就胖了。
hěn shòu,　xiànzài chī de duō le,　　suǒyǐ jiù pàng le.

李大中
我同屋矮矮的，　黑黑的，　瘦瘦的。平时穿得随随便便，
Wǒ tóngwū ǎiǎi de,　　hēihēi de,　　shòushòu de.　Píngshí chuān de suísuíbiànbiàn,

总是一件T恤，一条短裤。
zǒngshì yí jiàn T xù,　　yì tiáo duǎnkù.

王林
我同屋爱骑自行车。每次都骑得特别快，快得让人
Wǒ tóngwū ài qí zìxíngchē.　Měi cì dōu qí de tèbié kuài,　　kuài de ràng rén

害怕。
hàipà.

李大中　我同屋爱喝酒。每次都喝得糊里糊涂的，
Wǒ tóngwū ài hē jiǔ. 　　Měi cì dōu hē đe húlihútú de,

糊涂得忘了自己叫什么名字。
hútu de wàngle zìjǐ jiào shénme míngzi.

老师　你们俩介绍得都很有意思。
Nǐmen liǎ jièshào de dōu hěn yǒu yìsi.

王林　但是，他介绍得一点儿也不真实。
Dànshì,　　tā jièshào de yìdiǎnr yě bù zhēnshí

李大中　他介绍得一点儿也不对。
Tā jièshào de yìdiǎnr yě bú duì.

老师　你们怎么知道？
Nǐmen zěnme zhīdao?

王林、李大中　我们是同屋。
Wǒmen shì tóngwū.

1 변화를 나타내는 了

'了'는 문장 끝에 놓여 상황의 변화를 나타낸다.

他以前不喜欢唱歌，现在喜欢了。
他以前喜欢唱歌，现在不喜欢了。
去年我工作不忙，有很多时间，今年工作忙了，没有时间了。

☑ 확인 체크 '以前…, 现在…了' 형식을 사용하여 다음 그림을 묘사해 보세요.

❶ 

____

____

❷ 

____

____

동사 또는 형용사 뒤에서 보충 설명하는 것을 보어라고 하는데, 동작의 정도나 상태를 묘사하거나 평가하는 것을 정도보어라고 한다. 동사, 형용사와 정도보어 사이에는 보통 조사 '得'를 쓴다.

동사/형용사 + 得 + 정도보어

你们来得太晚了。
他每天睡得很早，起得很晚。
(他)每次都骑得特别快，快得让人害怕。

동사 뒤에 목적어가 있을 경우, 목적어는 동사와 보어 사이에 올 수 없다.

동사 + 목적어 + 동사 + 得 + 정도보어

她唱歌唱得非常好，跳舞也跳得不错。

목적어 + 동사 + 得 + 정도보어

她歌唱得非常好，舞也跳得不错。

✔ 확인 체크 정도보어를 사용하여 다음 문장을 완성하세요.

❶ 他唱歌唱得___________，跳舞跳得___________。

❷ 他骑自行车骑得___________。

❸ 今天他吃得___________。

형용사 중첩

일부 형용사는 중첩이 가능하다. 이음절 형용사는 일반적으로 'AABB' 형식으로 중첩된다.

高高(的)   白白(的)
漂漂亮亮(的)   随随便便(的)

형용사 중첩은 정도가 심함을 나타내고 묘사의 의미가 있다.

她个子高高的，头发长长的。
她高高的个子，长长的头发。
王林平时总是穿得随随便便(的)。

✔ 확인 체크   빈칸에 알맞은 형용사 또는 그 중첩형을 쓰세요.

❶ __________的个子   ❷ __________的头发   ❸ __________的眼睛

❹ __________的皮肤   ❺ __________的苹果   ❻ __________的同屋

一点儿也不…

'조금도 ~하지 않다'라는 의미로, '一点儿也+부정부사(不/没)'는 부정을 강조할 때 사용하는 고정 형식이다.

我一点儿也不累。
你说得一点儿也不对。

✔ 확인 체크   '一点儿也不…'를 사용하여 질문에 답해 보세요.

❶ 你觉得他的女朋友漂亮不漂亮？   → _________________________________

❷ 你喜欢打羽毛球吗？   → _________________________________

＊羽毛球 yǔmáoqiú 몡 배드민턴

那是王林和李大中，他们住一个房间。看到他们在一起
Nà shì Wáng Lín hé Lǐ Dàzhōng, tāmen zhù yí ge fángjiān. Kàndào tāmen zài yìqǐ

走，你会觉得很好笑：一个胖胖的，一个瘦瘦的；一个个子很
zǒu, nǐ huì juéde hěn hǎoxiào: Yí ge pàngpàng de, yí ge shòushòu de; yí ge gèzi hěn

高，一个个子比较矮。他们的习惯也不一样：一个每天睡得很
gāo, yí ge gèzi bǐjiào ǎi. Tāmen de xíguàn yě bù yíyàng: Yí ge měi tiān shuì de hěn

早，起得很晚；一个每天睡得很晚，起得很早。可是，他们俩
zǎo, qǐ de hěn wǎn; yí ge měi tiān shuì de hěn wǎn, qǐ de hěn zǎo. Kěshì, tāmen liǎ

是好朋友。他们总是在一起，除非有一个在睡觉。
shì hǎo péngyou. Tāmen zǒngshì zài yìqǐ, chúfēi yǒu yí ge zài shuì jiào.

단어

□□ 看到 kàndào 동 보다, 보이다	□□ 习惯 xíguàn 명 습관, 버릇
□□ 觉得 juéde 동 ~라고 생각하다, ~라고 여기다	□□ 除非 chúfēi 접 ~아니고서는, 오직 ~해야
□□ 好笑 hǎoxiào 형 웃기다, 우습다	

받아쓰고 말하는

회화 연습

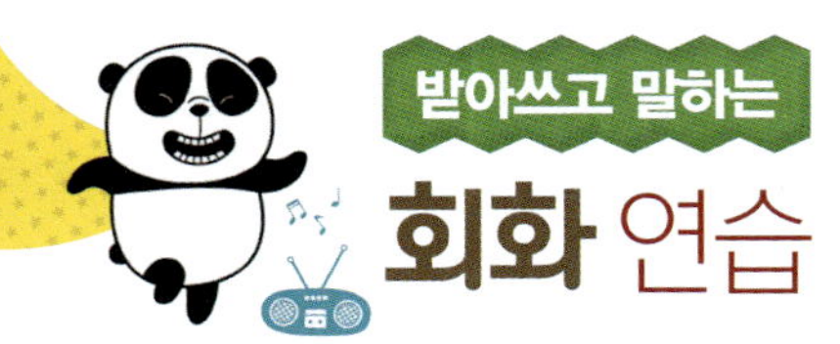

1 녹음을 듣고 빈칸을 채우세요.

2 대화에 표시된 부분(◯)을 녹음에서 제시한 단어로 교체 연습을 해보세요.

1 024

A 听说你喜欢喝酒，是吗？

B 我 ______ 喜欢喝酒，______ 不喜欢 ______。

교체 표현을 써보세요.

2 025

A 你们昨天喝酒 ______？

B 喝了，不过，喝 ______ 不多。

교체 표현을 써보세요.

3 026

A 她 ______？

B 她皮肤白白的，头发长长的。

교체 표현을 써보세요.

1 그림을 보고 문장을 완성하세요.

❶ 

这是一场短跑比赛，马丁跑得＿＿＿＿＿＿＿＿，

马克跑得＿＿＿＿＿＿＿＿。

*短跑 duǎnpǎo 몡 단거리 경주

❷

左边的字是田中写的，她写得＿＿＿＿＿＿＿＿；

右边的字是大卫写的，他写得＿＿＿＿＿＿＿＿。

❸ 

玛丽每天吃得＿＿＿＿＿＿＿＿，因为她怕胖。

2 빈칸에 알맞은 단어를 쓴 후, 큰 소리로 읽어 보세요.

今天他穿＿＿＿漂漂亮亮的，要去跟他女朋友见＿＿＿。你认＿＿＿他的女朋友吗？我给你＿＿＿绍一下儿：他女朋友个子高高的，瘦瘦的，皮＿＿＿白白的，头＿＿＿长长的，眼＿＿＿大大的。她唱＿＿＿唱得很好听，篮＿＿＿也打得很不错。

중국의 미인

나라마다 미인의 조건은 조금씩 다른데요, 중국에서는 판빙빙, 안젤라 베이비, 송혜교 등 이목 구비가 뚜렷하고 인형 같은 외모를 가진 연예인이 인기를 끌고 있습니다.

중국의 '4대 미녀(四大美女)'는 춘추시대 월나라의 서시(西施), 한나라의 왕소군(王昭君), 삼국 지에 등장하는 초선(貂蟬), 당나라의 양귀비(楊貴妃)를 말하는데요, 우리에게 가장 익숙한 미인은 월나라의 '서시'입니다. 서시는 경국지색(傾國之色)의 미인으로 서시가 병이 있어 얼굴을 찌푸렸는 데 다른 사람이 이것조차도 모방했다는 성어 东施效颦(Dōngshī xiào pín)이 있을 정도이죠.

양귀비도 귀에 익은 이름인데요, 양귀비는 당 현종의 후궁이자 며느리이며, 현종을 흔들리게 했던 인물입니다.

그럼 중국 전통 미인의 기준은 무엇일까요?

첫째, 옥처럼 아름다운 손가락과 흰 피부의 팔을 가져야 합니다.

둘째, 가는 허리와 눈처럼 흰 피부를 가지고 있어야 합니다.

셋째, 전족을 한 작은 발을 가지고 있어야 합니다.

넷째, 뛰어난 화장술, 다섯째, 향기 나는 피부, 여섯째, 숱 많은 검은 머리와 윤기 나는 머리카 락, 일곱째, 초승달같이 휘어진 짙고 푸른 눈썹, 여덟째, 맑은 눈동자, 아홉째, 붉은 입술과 하얀 치 아를 가지고 있어야 합니다.

⭐ **좀 더 알아보세요!**

중국의 4대 미녀 중 왕소군과 초선에 대해 알아보세요.

\회화/

메시지 전달하기

\어법/

방향동사 / 请, 叫, 让 + 사람 + 동사

☐☐ 就 jiù 图 곧, 즉시

· 他马上就来。 그는 곧 온다. | 八点上课，他七点半就来了。 8시에 수업하는데, 그는 7시 반에 왔다.

☐☐ 机场 jīchǎng 몡 공항

☐☐ 接 jiē 통 마중하다, 맞이하다

· 我去机场接一个朋友。 나는 공항에 친구 한 명을 마중하러 간다.

☐☐ 才 cái 图 ~서야 비로소, ~가 되어서야

· 八点上课，可他八点半才来。 8시에 수업하는데, 그는 8시 반이 되어서야 비로소 왔다.

☐☐ 进来 jìnlái 통 들어오다

☐☐ 进去 jìnqù 통 들어가다

☐☐ 过来 guòlái 통 오다, 다가오다

☐☐ 父母 fùmǔ 몡 부모

☐☐ 父亲 fùqīn 몡 아버지

☐☐ 母亲 mǔqīn 몡 어머니

父母

☐☐ 送 sòng 통 배웅하다, 데려다주다

· 我去机场送一个朋友。 나는 공항에 친구 한 명을 배웅하러 간다.

☐☐ 好 hǎo 图 (수량이나 시간사 앞에 쓰여) 많거나 오래되었음을 나타냄

· 好多 아주 많이 | 好几年 꽤 여러 해 | 好几天 꽤 며칠 | 好久不见 오래간만입니다

☐☐ 怎么回事 zěnme huí shì 어찌 된 일이지?, 어떻게 된 일이야?

☐☐ 陪 péi 통 모시다, 동반하다

· 我陪你去吧。 내가 너를 데리고 갈게.

- [ ] [ ] 组织 zǔzhī 통 조직하다, 구성하다

  · 组织一个活动 행사 하나를 조직하다

- [ ] [ ] 参观 cānguān 통 참관하다, 견학하다

  · 参观学校 학교를 견학하다

- [ ] [ ] 要是…的话 yàoshi…dehuà 만약 ~라면

  · 明天要是天气好的话，我们就去公园。내일 만약 날씨가 좋다면, 우리 공원에 가자.

- [ ] [ ] 叫 jiào 통 ~하게 하다, ~하도록 하다

- [ ] [ ] 报名 bào míng 통 등록하다, 신청하다

  · 我要报名参加这次活动。나는 이번 행사에 참가 등록을 하려고 한다.

- [ ] [ ] 免费 miǎnfèi 통 무료로 하다, 공짜로 하다

- [ ] [ ] 具体 jùtǐ 형 구체적이다

  · 请你说得具体一点儿。좀 더 구체적으로 말씀해 주세요.

- [ ] [ ] 情况 qíngkuàng 명 상황

  · 我想知道他现在的情况。나는 그의 현재 상황을 알고 싶다.

- [ ] [ ] 通知 tōngzhī 명 통지, 통지서 통 통지하다, 알리다

- [ ] [ ] 清楚 qīngchu 형 명확하다, 분명하다

  · 听得不太清楚 듣기에 그다지 명확하지 않다

- [ ] [ ] 办公室 bàngōngshì 명 사무실

- [ ] [ ] 手机 shǒujī 명 휴대폰, 휴대 전화

회화 01 — 마샤오훙이 데이비드의 아파트를 찾아온다   028

马小红 大卫在吗?
Dàwèi zài ma?

山本 他中午就出去了。你是他朋友吗?
Shānběn
Tā zhōngwǔ jiù chūqu le.   Nǐ shì tā péngyou ma?

马小红 是的。他什么时候回来?
Shì de.   Tā shénme shíhou huílai?

山本 他去机场接[1]一位朋友，晚上才能回来。你进来吧。
Tā qù jīchǎng jiē yí wèi péngyou,   wǎnshang cái néng huílai.   Nǐ jìnlai ba.

马小红 不，我还有事儿，不进去了。
Bù,   wǒ hái yǒu shìr,   bú jìnqu le.

我明天上午再过来。
Wǒ míngtiān shàngwǔ zài guòlai.

山本 他明天上午也不在。
Tā míngtiān shàngwǔ yě bú zài.

他父母明天回国，他要去送他们。
Tā fùmǔ míngtiān huí guó,   tā yào qù sòng tāmen.

tip

1 '接'는 '마중하다'는 뜻이고, '送'은 '배웅하다'는 뜻이다.
我去机场接朋友。 나는 공항에 친구를 마중하러 간다.
我去机场送朋友。 나는 공항에 친구를 배웅하러 간다.

山本	你找谁？
	Nǐ zhǎo shéi?

林娜	我找大卫。
	Wǒ zhǎo Dàwèi.

山本	有什么事儿吗？
	Yǒu shénme shìr ma?

林娜	他好几天没去上课了，怎么回事？
	Tā hǎo jǐ tiān méi qù shàng kè le, zěnme huí shì?

山本	他父母来中国了，他陪他们去旅行，昨天刚刚回来。
	Tā fùmǔ lái Zhōngguó le, tā péi tāmen qù lǚxíng, zuótiān gānggāng huílai.

林娜	那现在呢？
	Nà xiànzài ne?

山本	他父母今天回国，他去机场送他们了。
	Tā fùmǔ jīntiān huí guó, tā qù jīchǎng sòng tāmen le.

林娜	他回来以后，请你告诉他：学校下个月要组织一次
	Tā huílai yǐhòu, qǐng nǐ gàosu tā: Xuéxiào xià ge yuè yào zǔzhī yí cì
	参观活动，要是他想参加的话，叫他快去报名。
	cānguān huódòng, yàoshi tā xiǎng cānjiā dehuà, jiào tā kuài qù bào míng.

山本	参观什么地方？是免费的吗？
	Cānguān shénme dìfang? Shì miǎnfèi de ma?

林娜	具体情况，请他看学校的通知。
	Jùtǐ qíngkuàng, qǐng tā kàn xuéxiào de tōngzhī.

山本	好的。
	Hǎo de.

王老师 大卫在吗？
Dàwèi zài ma?

山本 他出去了。
Tā chūqu le.

王老师 他什么时候回来？
Tā shénme shíhou huílai?

山本 我不太清楚。
Wǒ bú tài qīngchu.

王老师 我是王老师，我有事要找他。请你告诉他，让他明天
Wǒ shì Wáng lǎoshī, wǒ yǒu shì yào zhǎo tā. Qǐng nǐ gàosu tā, ràng tā míngtiān

下午五点以前给我打个电话。我的电话号码是——
xiàwǔ wǔ diǎn yǐqián gěi wǒ dǎ ge diànhuà. Wǒ de diànhuà hàomǎ shì ——

山本 请等一下儿，我写一下儿。好，您说吧。
Qǐng děng yíxiàr, wǒ xiě yíxiàr. Hǎo, nín shuō ba.

王老师 我办公室的电话是：82394567；
Wǒ bàngōngshì de diànhuà shì: Bā èr sān jiǔ sì wǔ liù qī;

手机是：13914826702。
shǒujī shì: Yāo sān jiǔ yāo sì bā èr liù qī líng èr.

山本 好，他回来以后，我一定告诉他。
Hǎo, tā huílai yǐhòu, wǒ yídìng gàosu tā.

王老师 谢谢你！
Xièxie nǐ!

山本 不客气。
Bú kèqi.

1 방향동사

동작의 방향이나 상태가 진행되는 방향을 나타내는 것을 방향동사라고 한다.

	上	下	进	出	回	过
来	上来 올라오다	下来 내려오다	进来 들어오다	出来 나오다	回来 돌아오다	过来 다가오다
去	上去 올라가다	下去 내려가다	进去 들어가다	出去 나가다	回去 돌아가다	过去 지나가다

请你出来一下儿。

咱们出去吧。

请你进来吧。

咱们上去吧。

请你下来吧。

你过来呀!

他住楼上，我住楼下。我常常上楼去看他，他也常常下楼来看我。
他去日本了，下个月回来。
你什么时候回去？

'X来/X去' 뒤에는 장소 목적어가 올 수 없다. 장소 목적어는 X와 '来', '去' 사이에
위치한다.

他下楼了。　→　他下楼去了。(○)　　他下去楼了。(×)
他回美国了。→　他回美国去了。(○)　他回去美国了。(×)

✔ **확인 체크**　제시된 단어를 배열하여 문장을 완성하세요.

❶ 了 / 他 / 楼 / 来 / 上　　→ ______________________________________

❷ 美国 / 他 / 下个星期 / 去 / 回　→ ______________________________________

2　请/叫/让 + 사람 + 동사

겸어동사(请/叫/让) + 사람 + 동사

겸어동사는 목적어로 하여금 다른 동작을 하도록 이끄는 역할을 한다. 예를 들어
请, 叫, 让, 派, 命令 같은 동사들이 해당된다.

他请我一起去喝咖啡。
他叫我去一下儿他的办公室。
他让我马上去他家。

+派 pài 동 파견하다 | 命令 mìnglìng 동 명령하다

✔ **확인 체크**　다음 문장을 완성하세요.

❶ 我同屋去超市买东西，我让他______________________。

❷ 明天是我的生日，我想请朋友们______________________。

❸ 老师让我下课以后______________________。

❹ 你妈妈打电话让你______________________。

031

大卫：
Dàwèi:

今天上午你的一位同学来找过你。　她说她叫林娜。　她让我
Jīntiān shàngwǔ nǐ de yí wèi tóngxué lái zhǎoguo nǐ.　Tā shuō tā jiào Línnà.　Tā ràng wǒ

告诉你：学校下个月要组织一次参观活动，要是你想参加
gàosu nǐ:　Xuéxiào xià ge yuè yào zǔzhī yí cì cānguān huódòng,　yàoshi nǐ xiǎng cānjiā

的话，快去报名。另外，王老师有事找你，让你明天下午五点
dehuà,　kuài qù bào míng.　Lìngwài,　Wáng lǎoshī yǒu shì zhǎo nǐ,　ràng nǐ míngtiān xiàwǔ wǔ diǎn

以前给她打个电话。她办公室的电话是：82394567；手机是：
yǐqián gěi tā dǎ ge diànhuà.　Tā bàngōngshì de diànhuà shì:　Bā èr sān jiǔ sì wǔ liù qī;　shǒujī shì:

13914826702。
Yāo sān jiǔ yāo sì bā èr liù qī líng èr.

我要睡了。明天早上我要去外地，三天后回沪。
Wǒ yào shuì le.　Míngtiān zǎoshang wǒ yào qù wàidì,　sān tiān hòu huí Hù.

山本
Shānběn

4月30日晚11：30
sì yuè sānshí rì wǎn shíyī diǎn sānshí

032

단어

□□ 另外 lìngwài 접 이 외에, 이 밖에	□□ 沪 Hù 고유 상하이의 다른 이름
□□ 外地 wàidì 명 타지, 외지	

1 녹음을 듣고 빈칸을 채우세요.

2 대화에 표시된 부분(○)을 녹음에서 제시한 단어로 교체 연습을 해보세요.

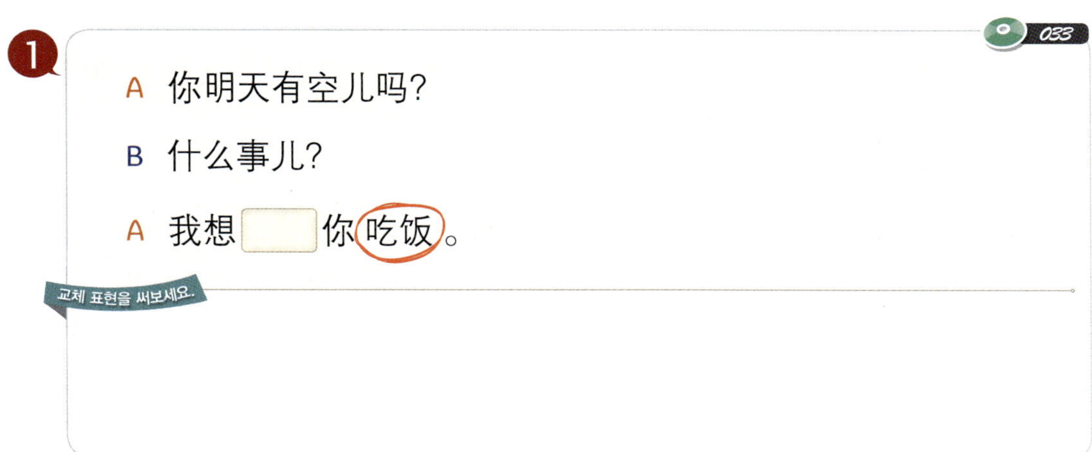

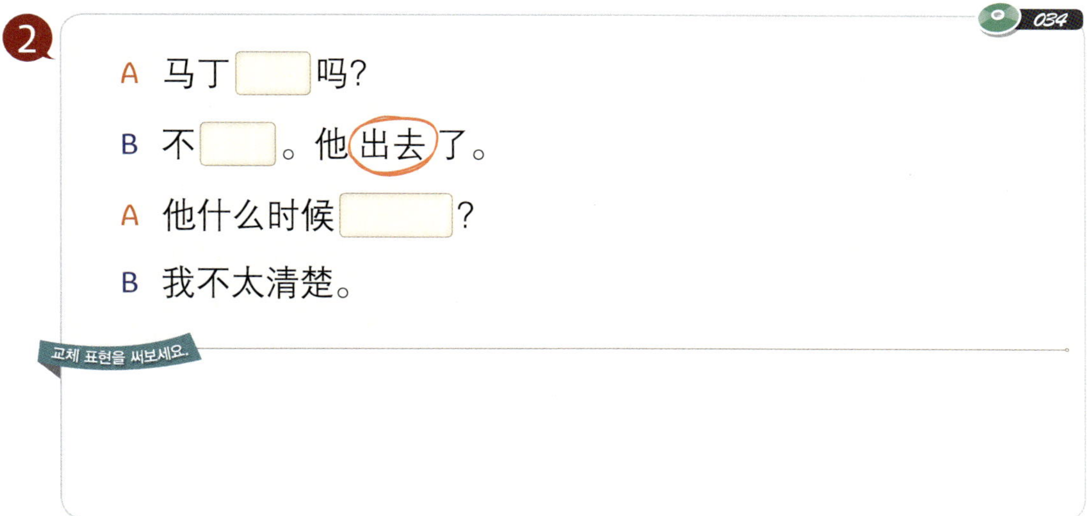

1 제시된 단어를 배열하여 문장을 완성하세요.

❶ 去 / 机场 / 了 / 朋友 / 他 / 他 / 的 / 接

→ ____

❷ 有 / 一个 / 楼下 / 通知

→ ____

❸ 我 / 老师 / 他 / 办公室 / 的 / 去 / 让 / 一下儿

→ ____

2 빈칸에 들어갈 알맞은 단어를 보기 에서 고르세요.

> 보기 | **才　就**

❶ 他19岁的时候______大学毕业了。

❷ 大学毕业三年以后，他______找到一个满意的工作。

❸ 老师说了很多次以后，我______明白。

❹ 只走了十分钟______到了。

❺ 上午八点______开始上课，真早啊！

3 빈칸에 알맞은 단어를 쓴 후, 큰 소리로 읽어 보세요.

下课______后，我去老师的______公室找马老师，我想告______马老师，下个星期我不能来上课了，我的父母______来上海，我要______他们去旅行。可是马老师不在______公室，一位老师给了我马老师的______机号码，______我给马老师打电话。

중국인은 慢慢地?

중국 고사성어 중에 '愚公移山(Yúgōng yí shān)'이 있습니다. 우공이 집을 가로막는 산을 옮기려고 자기 세대뿐 아니라 다음 세대까지 물려주면서 온 가족이 애를 쓰는 모습이 어리석고 무모하다고 생각할 수도 있습니다. 하지만 모든 문제는 생각을 바꾸면 달리 보이는 법입니다. 이 성어에서 시간에 대한 중국인의 생각을 읽을 수 있는데요, 단순히 현재만을 보는 게 아니라 멀리 미래를 보는 중국인의 면모와 인내심과 노력을 엿볼 수 있습니다.

중국인 하면 '慢慢地', '別着急'처럼 '급하지 않다'는 표현들을 많이 떠올리는데요, 중국인들은 밥을 먹을 때도 '您慢用', 손님과 헤어질 때도 '您慢走' 등과 같이 '천천히'라는 표현이 들어가는 인사말을 많이 씁니다. 그렇다면 중국인들은 정말 이렇게 '천천히' 행동하는 것일까요? 실제로 중국 사람들을 만나 보면 그렇지 않다는 것을 알 수 있습니다.

급속도로 발전한 중국

개혁 개방 이후 중국은 세계에서 성격이 가장 급한 나라가 되었고, 중국인의 생활 리듬은 급속도로 빨라졌습니다. '时间就是金钱，效率就是生命(Shíjiān jiù shì jīnqián, xiàolǜ jiù shì shēngmìng 시간은 돈이고, 효율은 생명이다)'이라는 구호는 현대 중국인들의 생활을 그대로 반영하는 표현입니다. 학습, 독서, 결혼, 여행 등 전반적으로 과정을 중시하면서 천천히 하던 패턴에서 벗어나 속성으로 이루어지는 '快餐(kuàicān 패스트푸드)'의 생활 방식이 도입되고 있답니다.

공원에 설치된 표어

❂ 좀 더 알아보세요!

자신이 만난 중국인의 성격에 대해 이야기해 보세요.

5

我不会做菜。

나는 요리를 할 줄 몰라요.

\회화/

요리 설명하기 / 맛 표현하기

\어법/

여러 가지 조동사 / 동사 중첩 / 동사(구) + 조사 的

□□ 尝 cháng 통 맛보다

□□ 西红柿 xīhóngshì 명 토마토

□□ 炒 chǎo 통 볶다

· 炒饭 볶음밥 | 西红柿炒鸡蛋 토마토 계란 볶음

□□ 鸡蛋 jīdàn 명 계란

□□ 咸 xián 형 짜다

□□ 盐 yán 명 소금

□□ 又…又… yòu…yòu… ~하기도 하고 ~하기도 하다

· 又高又大 높고 크다 | 又好看又好吃 예쁘기도 하고 맛있기도 하다

炒

□□ 醋 cù 명 식초

□□ 鱼 yú 명 생선

· 糖醋鱼 탕추위[새콤달콤한 소스를 얹은 생선 요리] | 一条鱼 생선 한 마리

□□ 苦 kǔ 형 쓰다, 고되다

· 味道有点儿苦。 맛이 좀 쓰다. | 生活很苦。 생활이 매우 힘들다.

□□ 苦瓜 kǔguā 명 여주[식물]

□□ 辣 là 형 맵다

□□ 热闹 rènao 형 떠들썩하다, 시끌벅적하다

· 街上很热闹。 거리가 시끌벅적하다.

□□ 干吗 gàn má 뭐 하니?, 어째서, 왜

· 你在干吗? 넌 뭐 하니? | 你干吗一定要去? 너는 어째서 반드시 가야 하니?

□□ …极了 …jí le 매우, 극히[형용사 뒤에 놓여 뜻을 강조함]

· 味道好极了! 맛이 아주 좋다! | 她漂亮极了! 그녀는 아주 예쁘다!

□□ 主食 zhǔshí 명 주식

□□ 饺子 jiǎozi 명 교자

□□ 只…不… zhǐ…bù… 단지 ~하고 ~하지 않는다

· 只说不做 말만 하고 하지 않다 | 只听不说 듣기만 하고 말하지 않다

□□ 国家 guójiā 몡 국가

· 一个**国家** 한 국가

□□ 规定 guīdìng 몡 규정, 규칙 동 규정하다

□□ 满 mǎn 혱 가득 차다 동 일정 한도에 이르다

· 房间都住**满**了。방이 다 찼다. | 他**满**二十岁了。그는 만 20세다.

□□ 饱 bǎo 혱 배부르다

· 我吃**饱**了。나는 배불리 먹었다.

□□ 该 gāi 조동 ~해야 한다

□□ 洗 xǐ 동 씻다

□□ 盘子 pánzi 몡 쟁반

□□ 约会 yuēhuì 몡 약속

□□ 才 cái 뮈 기껏해야, 겨우

· **才**五块钱, 真便宜! 기껏해야 5위안이네, 정말 싸다! | **才**八点, 你就要睡觉? 겨우 8시인데, 너는 벌써 잠을 자려고?

★중국어★ 식사 도구

叉子 chāzi 포크	刀 dāo 칼, 나이프	筷子 kuàizi 젓가락	勺子 sháozi 숟가락
碟子 diézi 접시	盘子 pánzi 쟁반	盆 pén 대야, 양푼	碗 wǎn 그릇, 사발

회화 01 기숙사 안, 서로의 요리에 대해 이야기를 나눈다 🔴 036

林娜
这是我做的菜，请大家尝尝。
Zhè shì wǒ zuò de cài,　qǐng dàjiā chángchang.

大卫
能不能先介绍介绍菜名？
Néng bu néng xiān jièshào jièshào càimíng?

林娜
这叫"西红柿炒鸡蛋"。味道怎么样？
Zhè jiào "xīhóngshì chǎo jīdàn".　Wèidao zěnmeyàng?

大卫
有点儿咸。
Yǒudiǎnr xián.

林娜
是吗？盐放得有点儿多了。
Shì ma?　Yán fàng de yǒudiǎnr duō le.

田中
下面尝尝我做的菜。
Xiàmiàn chángchang wǒ zuò de cài.

大卫
又甜又酸。
Yòu tián yòu suān.

田中
对呀，这叫糖醋鱼。放了点儿糖，放了点儿醋。
Duì ya,　zhè jiào tángcùyú.　Fàngle diǎnr táng,　fàngle diǎnr cù.

马小红
再尝尝我的。
Zài chángchang wǒ de.

林娜
这菜怎么有点儿苦？
Zhè cài zěnme yǒudiǎnr kǔ?

马小红
这是苦瓜，当然苦了。
Zhè shì kǔguā,　dāngrán kǔ le.

大卫
再来尝尝我做的汤。
Zài lái chángchang wǒ zuò de tāng.

马小红
又酸又辣。
Yòu suān yòu là.

大卫　　　　是啊，　这叫酸辣汤。
　　　　　　Shì a,　　 zhè jiào suānlàtāng.

李大中　　　哟，真热闹！你们在干吗？
　　　　　　Yō,　 zhēn rènao!　 Nǐmen zài gàn má?

沙夏丽　　　这些都是我们自己做的菜，你想不想尝尝？
　　　　　　Zhèxiē dōu shì wǒmen zìjǐ zuò de cài,　　 nǐ xiǎng bu xiǎng chángchang?

李大中　　　嗯，味道好极了……有主食吗？
　　　　　　Ǹg,　 wèidao hǎo jí le……　 Yǒu zhǔshí ma?

沙夏丽　　　有饺子，已经吃完了。
　　　　　　Yǒu jiǎozi,　　 yǐjīng chīwán le.

大卫　　　　你不能只吃不干。我们每个人都做了一个菜，
　　　　　　Nǐ bù néng zhǐ chī bú gàn.　　 Wǒmen měi ge rén dōu zuòle yí ge cài,

　　　　　　你也得做一个。
　　　　　　nǐ yě děi zuò yí ge.

李大中　　　我不会做菜，我只会吃。—— 你们怎么不喝酒？
　　　　　　Wǒ bú huì zuò cài,　　 wǒ zhǐ huì chī.　　 —— Nǐmen zěnme bù hē jiǔ?

大卫　　　　在我们国家有规定，不满二十一岁不可以喝酒。
　　　　　　Zài wǒmen guójiā yǒu guīdìng,　　 bù mǎr èrshíyī suì bù kěyǐ hē jiǔ.

李大中　　　一起吃饭，不喝酒，多没意思呀！
　　　　　　Yìqǐ chī fàn,　　 bù hē jiǔ,　　 duō méi yìsi ya!

 038

马小红
大家都吃饱了吗?
Dàjiā dōu chībǎo le ma?

林娜
吃饱了, 吃得饱极了!
Chībǎo le,　　chī de bǎo jí le!

田中
菜都吃完了。
Cài dōu chīwán le.

马小红
下面该洗碗、洗盘子了。
Xiàmiàn gāi xǐ wǎn、xǐ pánzi le.

大卫
谁去洗?
Shéi qù xǐ?

王林
李大中什么也没干, 就让他去洗吧。
Lǐ Dàzhōng shénme yě méi gàn,　　jiù ràng tā qù xǐ ba.

李大中
啊? 这下我苦了!
Ǎ?　　Zhèxià wǒ kǔ le!

—— 哦, 对了[1], 我七点半有一个约会, 我得走了。
—— Ò,　　duì le,　　wǒ qī diǎn bàn yǒu yí ge yuēhuì,　　wǒ děi zǒu le.

王林
现在才六点半, 还早呢!
Xiànzài cái liù diǎn bàn,　　hái zǎo ne!

李大中
我要去的地方非常远。对不起, 再见!
Wǒ yào qù de dìfang fēicháng yuǎn.　　Duìbuqǐ,　　zàijiàn!

tip

1　'对了'는 '맞다', '그렇다'의 뜻으로, 갑자기 어떤 일이 떠올랐을 때 쓰는 표현이다.

1 여러 가지 조동사

❶ 要 ~하려고 하다 想 ~하고 싶다 不用 ~할 필요 없다 不要 ~하지 마라

'要', '想'은 바람이나 계획을 나타내며, 부정형은 일반적으로 '不想'을 쓴다. '要'는 객관적인 필요도 나타내는데, 부정형은 '不用'을 쓴다. '不要'는 명령문에서 '~하지 마'라는 뜻으로 '别'와 같다.

我不想去北京旅行，可是他一定要让我跟他一起去。

A 我明天还要来吗？
B 不用来了。

请不要在教室里抽烟。

❷ 会 ~할 줄 알다 能 ~할 수 있다 可以 ~할 수 있다, ~해도 된다

'会'는 학습을 통해 어떤 기술을 익힌 것을 나타내며, '能'은 능력이나 조건을 갖추고 있음을 의미하거나 허가를 나타낸다. '可以'는 가능이나 허락을 나타낸다. '能不能…', '你可以…' 형식은 완곡하게 상대방에게 어떤 일을 요청할 때 사용한다.

我会游泳。可是今天太冷，不能游。
你能不能帮我开一下儿门？
教室里不可以/能抽烟，你可以去外面抽。

❸ 应该 마땅히 ~해야 한다 得 děi ~해야 한다

'应该'는 인정상 도리상 그렇게 해야 함을 나타내고, '得'는 필요성이나 의무를 나타낸다. '得'는 구어에 사용하며, 부정할 때는 '不用'을 쓴다.

学生应该努力学习。
已经八点了，我得去教室上课了。

+**抽烟** chōu yān 통 담배를 피우다 | **游泳** yóu yǒng 통 수영하다

帮 bāng 통 돕다 | **门** mén 명 문

 빈칸에 들어갈 알맞은 단어를 보기 에서 고르세요.

보기 | 能　会　可以　想　要

❶ 我没有电脑，不________上网。

＊上网 shàng wǎng 통 인터넷을 하다, 인터넷에 접속하다

❷ 教室里不________抽烟。

❸ 时间太晚了，我________睡觉了。

2 동사 중첩

동사의 중첩형은 짧은 시간에 가볍게 동작을 하는 것을 나타내며, '동사+一下儿' 형식처럼 어기를 부드럽게 하는 역할을 한다. 단음절 동사의 중첩은 중간에 '一'를 넣을 수 있고, 이음절 동사는 'ABAB' 형식으로 중첩된다.

这是我写的字，请您看看写得怎么样。
这是我做的菜，请大家尝一尝。
你们累了吧? 休息休息吧!

 다음 단어의 중첩형을 쓰세요.

❶ 参加 → __________　　❷ 随便 → __________　　❸ 活动 → __________

❹ 真实 → __________　　❺ 介绍 → __________　　❻ 清楚 → __________

3 동사(구) + 조사 的

동사구나 절은 명사 앞에 놓여 명사를 수식하는 관형어 역할을 할 수 있다. 이때 수식어와 명사 사이에는 '的'가 온다.

这是我做的菜。　　　　　这是我昨天买的衣服。
我要去的地方非常远。　　他做的菜很好吃。

昨天晚上我们在大卫的房间开了一个party。田中是做菜的
Zuótiān wǎnshang wǒmen zài Dàwèi de fángjiān kāile yí ge party. Tiánzhōng shì zuò cài de

高手，带了两个菜来，都是她自己做的，又好看又好吃。沙夏丽
gāoshǒu, dàile liǎng ge cài lái, dōu shì tā zìjǐ zuò de, yòu hǎokàn yòu hǎochī. Shāxiàlì

和林娜也带了两个菜，是他们国家的风味儿菜。李大中不会做
hé Línnà yě dàile liǎng ge cài, shì tāmen guójiā de fēngwèircài. Lǐ Dàzhōng bú huì zuò

菜，就带了两瓶酒。吃完菜、喝完酒以后，我们又一起唱歌、
cài, jiù dàile liǎng píng jiǔ. Chīwán cài、 hēwán jiǔ yǐhòu, wǒmen yòu yìqǐ chàng gē、

跳舞。昨天晚上我们过得真开心。
tiào wǔ. Zuótiān wǎnshang wǒmen guò de zhēn kāixīn.

☐☐ 开 kāi 통 (회의·파티·전람회 등을) 열다, 개최하다

☐☐ 高手 gāoshǒu 명 고수, 달인

☐☐ 带 dài 통 (몸에) 지니다, 가지다

☐☐ 风味(儿) fēngwèi(r) 명 맛, 색채, 풍미

☐☐ 过 guò 통 지내다, 보내다

☐☐ 开心 kāixīn 형 기쁘다, 즐겁다

1 녹음을 듣고 빈칸을 채우세요.

2 대화에 표시된 부분(○)을 녹음에서 제시한 단어로 교체 연습을 해보세요.

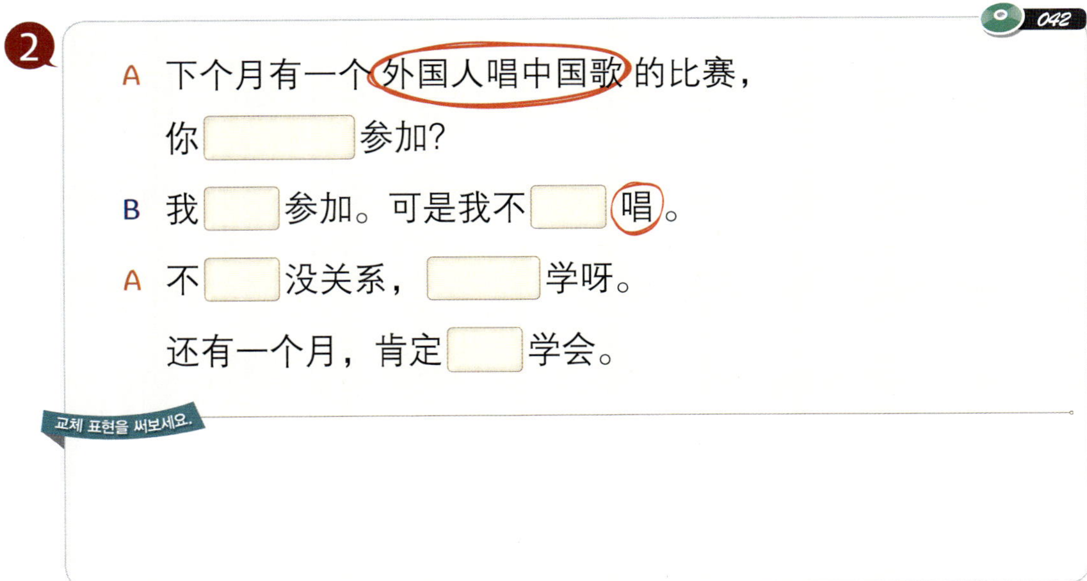

1 　041

A 这是 我做 ☐ 菜，请你 ☐ 。

B 好，谢谢！

교체 표현을 써보세요.

2 　042

A 下个月有一个 外国人唱中国歌 的比赛，

你 ☐ 参加？

B 我 ☐ 参加。可是我不 ☐ 唱 。

A 不 ☐ 没关系， ☐ 学呀。

还有一个月，肯定 ☐ 学会。

교체 표현을 써보세요.

*단어　肯定 kěndìng 图 확실히, 틀림없이

연습 문제

1 빈칸에 들어갈 알맞은 단어를 [보기]에서 고르세요.

> [보기]   能   会   可以   想   要   应该

❶ 如果你不能去上课，你______给老师打一个电话告诉他。

❷ 晚上十点以后请不______给我打电话。

❸ 我没学过法语，我不______说法语。

❹ 我以前去过那儿，这次我不______再去了。

2 '又…又…'를 사용하여 다음 문장을 완성하세요.

❶ 学校对面的那家韩国饭店______________。

❷ 他做的这个鱼汤______________。

❸ 他新找的女朋友______________。

❹ 我们班的教室______________。

3 [보기]를 참고하여 문장 확장 연습을 해보세요.

> [보기]   这是他的朋友。 → 这是他的<u>美国</u>朋友。
> → 这是他<u>新认识</u>的<u>美国</u>朋友。
> → 这是他<u>昨天</u>新认识的美国朋友。

❶ 这是电脑。 → ______________

→ ______________

→ ______________

❷ 这是杯子。 → ______________

→ ______________

→ ______________

*杯子 bēizi 명 잔, 컵

음식 문화의 변화

'民以食为天(mín yǐ shí wéi tiān 금강산도 식후경)', '以热食、熟食为主(yǐ rè shí、shú shí wéi zhǔ 음식을 따뜻하게 익혀 먹는다)' 등과 같은 말은 중국인들의 음식 문화를 엿볼 수 있는 대표적인 표현입니다. 중국인들은 먹는 것을 중시하고 생으로 먹는 것보다는 익혀 먹는 것을 좋아합니다. 당연히 중국인들은 생선회(生鱼片 shēngyúpiàn) 같이 날것으로 먹는 것을 좋아하지 않습니다. 그 사실을 모른 채, 귀한 손님이라고 중국인을 횟집으로 모셨다가는 낭패를 보기 십상이죠.

하지만 중국인의 음식 문화에도 변화의 바람이 불기 시작했습니다. 중국 관광객들이 노량진 시장에 가서 생선회를 맛보는 경우가 조금씩 늘고 있습니다. 노량진 시장에서 중국인들은 마치 수족관에 온 듯 즐거워한다고 합니다.

중국인들의 음식 문화가 또 어떻게 변했을까요?

중국인들은 밥상에 고기나 생선이 없으면 뭔가 부족하다고 느끼는데요, 그래서 중국인들의 밥상은 모든 것이 푸짐합니다. 하지만 요즘은 건강을 중시하기 때문에 채식(吃素的 chī sù de)을 하는 사람들이 늘고 있고요, 음식 문화가 서구화되면서 커피, 빵, 포도주, 요구르트(酸奶 suānnǎi), 치즈(奶酪 nǎilào) 등의 수요도 꾸준히 증가하고 있답니다.

날것을 먹지 않던 중국

중국의 카페 거리

❂ 좀 더 알아보세요!

한국의 대표 음식을 중국인에게 소개해 보세요.

\회화/
계절과 날씨에 대해 말하기

\어법/
비교법

☐☐ **预报** yùbào 몡 예보

· 天气**预报** 일기 예보

☐☐ **晴天** qíngtiān 몡 맑은 날씨

· 今天**晴天**。 오늘은 맑은 날이다.

☐☐ **最** zuì 뷔 제일, 가장

· **最**好 제일 좋다 ┃ **最**快 제일 빠르다 ┃ **最**便宜 제일 싸다 ┃ **最**喜欢 제일 좋아하다

☐☐ **温度** wēndù 몡 온도

· 最高**温度** 최고 온도 ┃ 最低**温度** 최저 온도

☐☐ **度** dù 양 도[온도의 단위]

· 37**度** 37도

☐☐ **低** dī 혱 낮다

☐☐ **暖和** nuǎnhuo 혱 온화하다, 따뜻하다

☐☐ **春天** chūntiān 몡 봄

☐☐ **季节** jìjié 몡 계절

☐☐ **夏天** xiàtiān 몡 여름

☐☐ **那么** nàme 때 그렇게, 그런[상태 · 정도 · 방식 등을 나타냄]

· 今天没有昨天**那么**热。 오늘은 어제만큼 그렇게 덥지 않다.

☐☐ **生日** shēngrì 몡 생일

☐☐ **家乡** jiāxiāng 몡 고향

☐☐ **这么** zhème 때 이렇게, 이런

· 昨天没有今天**这么**热。 어제는 오늘만큼 이렇게 덥지 않다.

☐☐ **秋天** qiūtiān 몡 가을

温度

□□ 差不多 chàbuduō 톙 비슷하다, 큰 차이가 없다

□□ 冬天 dōngtiān 똉 겨울

□□ 比 bǐ 깨 ~보다

· 他比我高。그는 나보다 크다.

□□ 凉快 liángkuai 톙 시원하다, 서늘하다

□□ 左右 zuǒyòu 똉 가량, 쯤

· 十个人左右 10명 가량 | 一个星期左右 1주일 가량

□□ 下雨 xià yǔ 똥 비가 내리다

· 昨天晚上下了一场大雨。어제저녁에 큰 비가 한바탕 내렸다.

□□ 雨 yǔ 똉 비

□□ 和 hé 쩝 ~와, ~과

□□ 太阳 tàiyáng 똉 태양, 해

□□ 刮风 guā fēng 똥 바람이 불다

□□ 风 fēng 똉 바람

□□ 气温 qìwēn 똉 기온

□□ 零下 língxià 똉 영하

· 零下3度 영하 3도

□□ 更 gèng 믕 더욱, 더, 훨씬

· 更高 더 높다 | 更大 더 크다

□□ 下雪 xià xuě 똥 눈이 내리다

· 外面在下雪。밖에 눈이 내리고 있다.

□□ 雪 xuě 똉 눈

회화 **01** 어느 봄날 아침

🔘 044

林娜 你听天气预报了吗?
Nǐ tīng tiānqì yùbào le ma?

田中 听了。
Tīng le.

林娜 明天的天气怎么样?
Míngtiān de tiānqì zěnmeyàng?

田中 晴天。最高温度20度，最低温度8度。
Qíngtiān.　Zuìgāo wēndù èrshí dù,　zuìdī wēndù bā dù.

林娜 跟昨天一样。这几天天气真暖和!
Gēn zuótiān yíyàng.　Zhè jǐ tiān tiānqì zhēn nuǎnhuo!

田中 是啊，现在是春天，是一年里最舒服的季节。
Shì a,　xiànzài shì chūntiān,　shì yì nián li zuì shūfu de jìjié.

林娜 啊! 那夏天也就快到了!
À!　Nà xiàtiān yě jiù kuài dào le!

田中 是啊。
Shì a.

林娜 太好了。我最喜欢夏天。
Tài hǎo le.　Wǒ zuì xǐhuan xiàtiān.

田中 夏天那么热，你怎么喜欢夏天?
Xiàtiān nàme rè,　nǐ zěnme xǐhuan xiàtiān?

林娜 我的生日在夏天。
Wǒ de shēngrì zài xiàtiān.

王老师　现在你们家乡的天气都怎么样？
Xiànzài nǐmen jiāxiāng de tiānqì dōu zěnmeyàng?

都有这儿这么舒服吗？
Dōu yǒu zhèr zhème shūfu ma?

田中　我的家乡现在也是秋天，天气跟这儿差不多。
Wǒ de jiāxiāng xiànzài yě shì qiūtiān, tiānqì gēn zhèr chàbuduō.

亚历山大　我的家乡，现在已经是冬天了，比这儿冷多了。
Wǒ de jiāxiāng, xiànzài yǐjīng shì dōngtiān le, bǐ zhèr lěng duō le.

王林　我的家乡，现在还是夏天，还比较热，
Wǒ de jiāxiāng, xiànzài háishi xiàtiān, hái bǐjiào rè,

没有这么凉快。
méiyǒu zhème liángkuai.

沙夏丽　我的家乡没有冬天，每天都比较热。
Wǒ de jiāxiāng méiyǒu dōngtiān, měi tiān dōu bǐjiào rè.

王老师　是不是跟这儿的夏天差不多？
Shì bu shì gēn zhèr de xiàtiān chàbuduō?

沙夏丽　不，比这儿的夏天凉快一点儿，
Bù, bǐ zhèr de xiàtiān liángkuai yìdiǎnr,

最高温度大概是三十度左右。
zuìgāo wēndù dàgài shì sānshí dù zuǒyòu.

沙夏丽	还在下雨，真冷啊！
	Hái zài xià yǔ, zhēn lěng a!

田中	天气预报说，今天和明天都有雨。
	Tiānqì yùbào shuō, jīntiān hé míngtiān dōu yǒu yǔ.

沙夏丽	一个星期没看见太阳了。
	Yí ge xīngqī méi kànjiàn tàiyáng le.

田中	这儿的冬天常常刮风、下雨，比我的家乡冷多了。
	Zhèr de dōngtiān chángcháng guā fēng、xià yǔ, bǐ wǒ de jiāxiāng lěng duō le.

沙夏丽	今天的气温是多少？
	Jīntiān de qìwēn shì duōshao?

田中	最高温度1度，最低温度零下4度。
	Zuìgāo wēndù yī dù, zuìdī wēndù língxià sì dù.

沙夏丽	比昨天更冷。是不是要下雪了？
	Bǐ zuótiān gèng lěng. Shì bu shì yào xià xuě le?

田中	有可能。
	Yǒu kěnéng.

1 비교법

❶ 跟을 사용한 비교법

'跟…一样', '跟…差不多'는 '~와 같다', '~와 비슷하다'라는 뜻으로, 두 사물 간에 별다른 차이가 없을 때 사용한다.

> **A 跟 B 一样 + 형용사**
> **A 跟 B 差不多 (+ 형용사)**

今天跟昨天一样热。
今天跟昨天差不多(热)。

❷ 有를 사용한 비교법

'有'는 '~만큼 되다'라는 뜻으로, 비교한 결과가 어느 정도나 기준에 이르렀음을 나타낸다.

> **A 有 B 这么/那么 + 형용사**
> **A 没有 B 这么/那么 + 형용사**

A 今天有昨天那么热吗?
B 今天没有昨天那么热。

❸ 比를 사용한 비교법

개사 '比'는 '~보다'라는 뜻으로, 두 사물의 성질이나 특징을 비교할 때 사용한다. 두 사물 간의 차이가 작을 때는 '一点儿'을 쓰고, 차이가 클 때는 '多了', '得多'를 쓴다.

> **A 比 B + 형용사**

今天比昨天热。

> **A 比 B + 형용사 + 一点儿**

今天比昨天热一点儿。

A比B + 형용사 + 多了/得多(了)

今天比昨天热多了。
今天比昨天热得多(了)。

❹ 비교문에 부사를 쓸 경우

비교문에서는 '很', '非常' 등의 정도부사를 쓸 수 없고, 비교부사인 '还', '更'을 써
야 한다.

A比B还/更 + 형용사

今天比昨天更冷。

☑ 확인 체크　　그림을 보고 비교문을 만들어 보세요.

❶ 

小沙比小夏___________。

小夏比小沙___________。

❷

小沙比小夏___________。

小沙没有小夏___________。

본문

我的家乡气候比这儿好多了。冬天比这儿暖和，不需要
Wǒ de jiāxiāng qìhòu bǐ zhèr hǎo duō le. Dōngtiān bǐ zhèr nuǎnhuo, bù xūyào

暖气；夏天比这儿凉快，不需要空调；春天和秋天不冷不热，
nuǎnqì; xiàtiān bǐ zhèr liángkuai, bù xūyào kōngtiáo; chūntiān hé qiūtiān bù lěng bú rè,

十分舒服。在我的家乡，最漂亮的季节是春天。那时候，很少
shífēn shūfu. Zài wǒ de jiāxiāng, zuì piào iang de jìjié shì chūntiān. Nà shíhou, hěn shǎo

下雨，也很少刮风，天气非常好，花儿都开了，好看极了。
xià yǔ, yě hěn shǎo guā fēng, tiānqì fēicháng hǎo, huār dōu kāi le, hǎokàn jí le.

☐☐ 气候 qìhòu 몡 기후

☐☐ 需要 xūyào 동 필요하다, 요구되다

☐☐ 暖气 nuǎnqì 몡 난방 시설, 라디에이터

☐☐ 空调 kōngtiáo 몡 에어컨

☐☐ 十分 shífēn 뷔 매우, 대단히

☐☐ 花儿 huār 몡 꽃

1 녹음을 듣고 빈칸을 채우세요.

2 대화에 표시된 부분(○)을 녹음에서 제시한 단어로 교체 연습을 해보세요.

1 〇 049

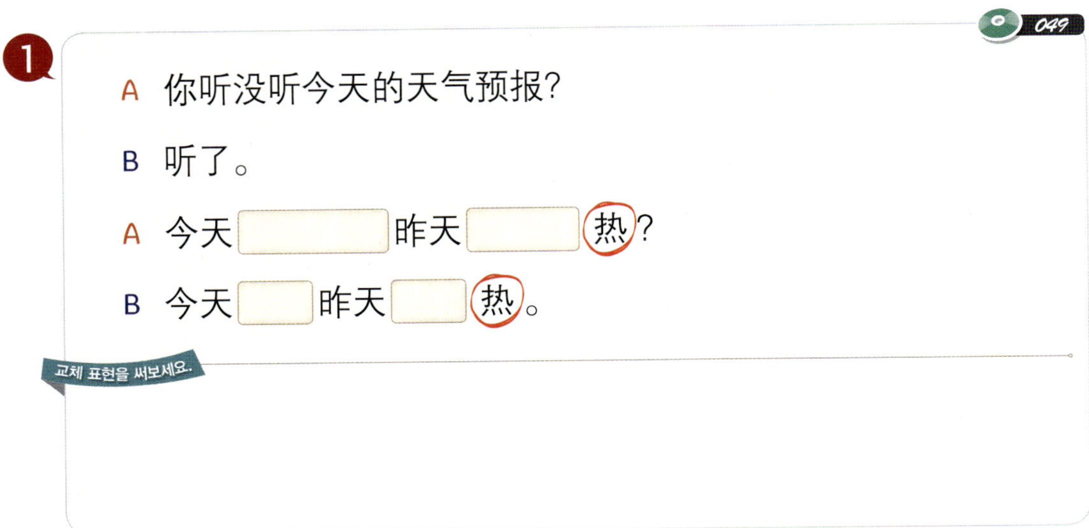

2 〇 050

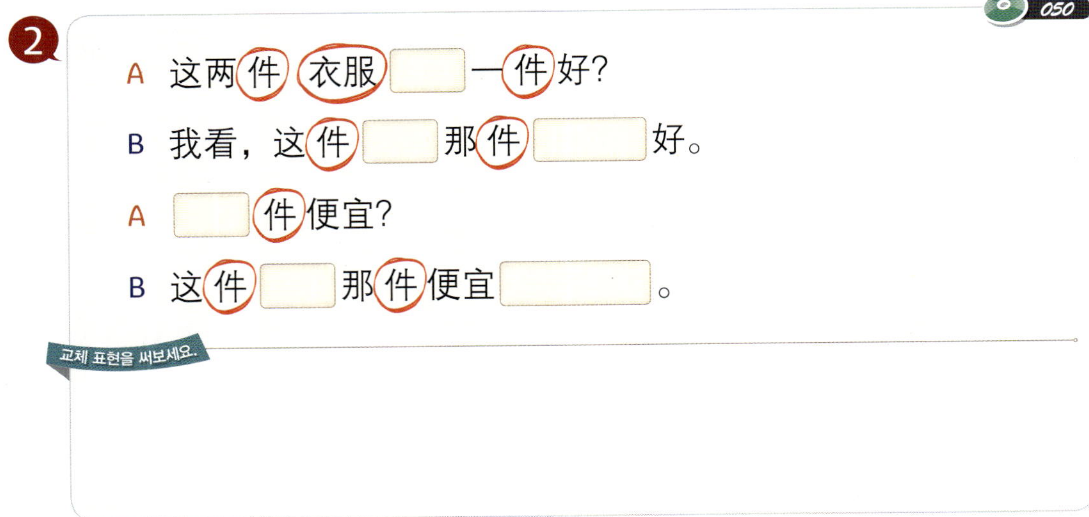

1 제시된 단어를 배열하여 문장을 완성하세요.

❶ 他 / 高 / 我 / 比

→ ______________________________________

❷ 北京 / 公园 / 的 / 上海 / 多 / 没有

→ ______________________________________

❸ 我 / 一样 / 跟 / 喜欢 / 踢 / 足球 / 他

→ ______________________________________

❹ 他 / 胖 / 一点儿 / 我 / 比

→ ______________________________________

2 빈칸에 알맞은 반의어를 쓰세요.

❶ 昨天的最________温度是38度，最低温度是28度。

❷ 小孩子喜欢甜的东西，不喜欢________的东西。

❸ 我中午吃得________极了，现在一点儿也不饿。

3 다음 그림을 비교한 후 문장을 완성하세요.

❶ 

这件T恤比那件T恤________。

那件T恤比这件T恤________。

❷ 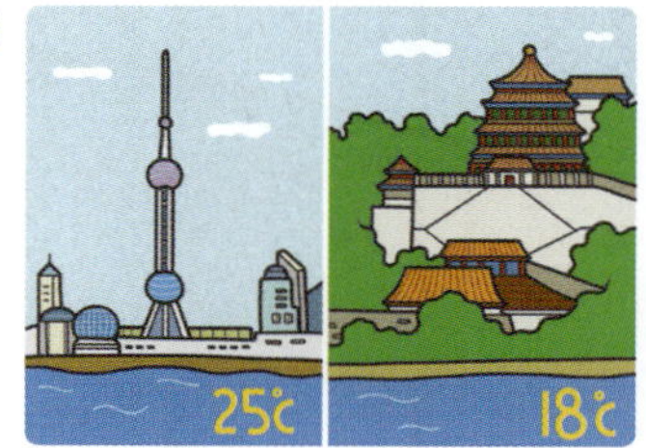

秋天上海比北京________。

秋天上海没有北京________。

중국인의 여름 나기

　　중국 한국 모두 여름은 무척 무덥습니다. 우리는 여름이 되면 차가운 것을 먼저 찾고, 원기를 보충하기 위해 삼계탕 등 보양 음식을 먹는데요, 중국 사람들은 여름이라고 해서 마시는 음료가 달라지지는 않습니다. 날씨가 아무리 더워도 따뜻한 물을 마시고요, 아이스크림이나 얼음이 들어가는 음료를 즐겨 마시는 중국인은 많이 보지 못했습니다.

　　중국에도 우리나라처럼 복날이 있습니다. 중국에서는 우리의 초복, 중복, 말복을 '三伏(sānfú)'라고 하는데요, 이때 주로 양고기, 생강, 국화, 참외, 수박, 녹두죽 등을 먹습니다.

몸의 열을 배출하기 위해 먹는 녹두죽

　　양고기는 봄 여름에 양기를 보충해 주고, 가을 겨울에는 음기를 보충해 준다고 합니다. 중국인들은 겨울에 무를 먹고 여름에 생강을 먹어 몸을 따뜻하게 해주고요, 국화는 아미노산과 비타민이 많아 여름에 마시면 더위를 피할 수 있고, 참외와 수박은 여름에 갈증을 해소해 줍니다.

　　우리는 여름이 되면 더위를 피하러 물이 많은 강원도나 부산으로 여행을 떠나는데요, 중국에서 유명한 피서지는 어디일까요? 九寨沟(Jiǔzhàigōu), 香格里拉(Xiānggélǐlā), 神农架(Shénnóngjià), 北戴海(Běidài Hǎi), 桂林(Guìlín), 庐山(Lú Shān), 承德避暑山庄(Chéngdé bìshǔ shānzhuāng), 武夷山(Wǔyí Shān) 등이 중국인이 자주 찾는 여름 피서지입니다.

중국의 여름 피서지 - 샹그릴라(香格里拉)

★ 좀 더 알아보세요!

중국의 承德避暑山庄에 대해 조사해 보세요.

7

我的自行车摔坏了。

내 자전거가 망가졌어요.

\회화/

상황 설명하기

\어법/

결과보어 / 동사 + 着

051

- ☐☐ 过 guò 퉁 가다, 건너다
  - ·过马路 대로를 건너다

- ☐☐ 摔 shuāi 퉁 (몸이 균형을 잃고) 쓰러지다, 넘어지다

- ☐☐ 伤 shāng 퉁 다치다, 상하다
  - ·摔伤 넘어져 다치다

- ☐☐ 胳膊 gēbo 몡 팔

- ☐☐ 疼 téng 혱 아프다
  - ·头疼 머리가 아프다, 두통

- ☐☐ 破 pò 퉁 파손되다, 찢어지다
  - ·衣服破了。 옷이 찢어졌다.

- ☐☐ 检查 jiǎnchá 퉁 조사하다, 검사하다
  - ·检查身体 건강 검진을 하다

- ☐☐ 坏 huài 혱 고장 나다, 상하다, 망가지다
  - ·车子坏了。 차가 고장 나다.

- ☐☐ 办 bàn 퉁 하다, 처리하다, 취급하다
  - ·怎么办? 어떻게 하지?

- ☐☐ 警察 jǐngchá 몡 경찰

- ☐☐ 撞 zhuàng 퉁 부딪치다
  - ·撞车 차에 부딪치다 | 撞人 사람에게 부딪치다

- ☐☐ 突然 tūrán 틘 갑자기, 돌연히 혱 갑작스럽다
  - ·他突然来了。 그가 갑자기 왔다. | 他来得很突然。 그가 갑작스럽게 왔다.

★중국어★ 신체 단어

·头发 tóufa 머리카락	·眉毛 méimao 눈썹	·眼睛 yǎnjing 눈	·鼻子 bízi 코
·耳朵 ěrduo 귀	·嘴巴 zuǐba 입	·脖子 bózi 목	·背 bèi 등
·屁股 pìgu 엉덩이	·大腿 dàtuǐ 허벅지	·小腿 xiǎotuǐ 종아리	·头 tóu 머리
·胸 xiōng 가슴	·腰 yāo 허리	·肚子 dùzi 배	·手 shǒu 손
·胳膊 gēbo 팔	·脚 jiǎo 발		

□□ 着 zhe 조 ~하고 있다, ~한 채로 있다

· 他穿着一件雨衣。그는 우의를 입고 있다. | 他坐着，我站着。그는 앉아 있고, 나는 서있다.

□□ 雨衣 yǔyī 명 우의, 비옷

· 穿雨衣 우의를 입다

□□ 手 shǒu 명 손

· 手里 손안, 수중

□□ 拿 ná 동 (손으로) 쥐다, 잡다

· 手里拿着东西。손안에 물건을 쥐고 있다. | 我去拿一本词典。나는 사전을 가지러 간다.

□□ 打雨伞 dǎ yǔsǎn 우산을 받치다

□□ 雨伞 yǔsǎn 명 우산

□□ 低头 dī tóu 동 고개를 숙이다

□□ 头 tóu 명 머리

□□ 结果 jiéguǒ 명 결과 부 결국, 끝내

□□ 倒 dǎo 동 넘어지다, 자빠지다

· 摔倒 넘어지다

□□ 小心 xiǎoxīn 동 조심하다, 주의하다

· 过马路的时候要小心。대로를 건널 때는 조심해야 한다.

□□ 责任 zérèn 명 책임

□□ 这样 zhèyàng 대 이렇게, 이래서

· 你不应该这样做。너는 이렇게 해서는 안 된다.

□□ 修理 xiūlǐ 동 수리하다, 고치다

· 修理电脑 컴퓨터를 수리하다

□□ 修 xiū 동 수리하다

· 修电脑 컴퓨터를 수리하다

□□ 上班 shàng bān 동 출근하다

□□ 下班 xià bān 동 퇴근하다

打雨伞

修理

회화 **01** 자전거 사고가 나다

052

男 哎呀!
Āiyā!

女 哎哟!
Āiyō!

男 你没看见我骑车过来了吗?
Nǐ méi kànjiàn wǒ qí chē guòlai le ma?

女 你没看见我要过马路吗?
Nǐ méi. kànjiàn wǒ yào guò mǎlù ma?

男 你摔伤了没有?
Nǐ shuāishāng le méiyǒu?

女 胳膊有点儿疼, 衣服也摔破了。
Gēbo yǒudiǎnr téng, yīfu yě shuāipò le.

男 这样吧, 我送你去医院检查一下儿。
Zhèyàng ba, wǒ sòng nǐ qù yīyuàn jiǎnchá yíxiàr.

—— 哎呀, 我的自行车摔坏了, 不能骑了。
—— Āiyā, wǒ de zìxíngchē shuāihuài le, bù néng qí le.

女 那怎么办?
Nà zěnme bàn?

男 看, 警察来了。
Kàn, jǐngchá lái le.

警察	怎么回事？
	Zěnme huí shì?

女	他撞了我。
	Tā zhuàngle wǒ.

男	她突然从旁边过来……
	Tā tūrán cóng pángbiān guòlai……

警察	你没有看到她要过马路吗？
	Nǐ méiyǒu kàndào tā yào guò mǎlù ma?

男	我穿着雨衣，　没看见。
	Wǒ chuānzhe yǔyī,　méi kànjiàn.

女	他骑得很快，左手还拿着东西。
	Tā qí de hěn kuài,　zuǒshǒu hái názhe dōngxi.

警察	那你过马路的时候，没看见他骑着自行车过来吗？
	Nà nǐ guò mǎlù de shíhou,　méi kànjiàn tā qízhe zìxíngchē guòlai ma?

女	我打着雨伞，也没看清楚。
	Wǒ dǎzhe yǔsǎn,　yě méi kàn qīngchu.

男	她低着头，走得很快。
	Tā dīzhe tóu,　zǒu de hěn kuài.

警察	结果呢？
	Jiéguǒ ne?

女	我们都摔倒了。
	Wǒmen dōu shuāidǎo le.

男　您看，我的自行车摔坏了。
Nín kàn,　wǒ de zìxíngchē shuāihuài le.

女　我的衣服也摔破了。
Wǒ de yīfu yě shuāipò le.

警察　摔伤了没有？
Shuāishāng le méiyǒu?

女　胳膊有点儿疼。
Gēbo yǒudiǎnr téng.

警察　你们太不小心了！
Nǐmen tài bù xiǎoxīn le!

男　您看，这是谁的责任？
Nín kàn,　zhè shì shéi de zérèn?

警察　你们都有责任。这样吧，
Nǐmen dōu yǒu zérèn.　　Zhèyàng ba,

(남자에게) 你先陪她去医院检查一下儿，
nǐ xiān péi tā qù yīyuàn jiǎnchá yíxiàr,

(여자에게) 检查完以后，你陪他去修理自行车。
jiǎnchá wán yǐhòu,　　nǐ péi tā qù xiūlǐ zìxíngchē.

女　谢谢。可是，我要去上班……
Xièxie.　　Kěshì,　　wǒ yào qù shàng bān……

男　我要去上课……
Wǒ yào qù shàng kè……

警察　那你们就 ——
Nà nǐmen jiù ——

男、女　再见吧！
Zàijiàn ba!

1 결과보어

결과보어는 술어 뒤에 동사 또는 형용사가 놓여 동작이 어떤 결과에 이르렀는지를 나타낸다.

用坏　打坏　撞坏　撞伤
摔坏　摔伤　摔倒　摔破

他打坏了一个盘子。
盘子打坏了。
他摔倒了，不过没摔伤。

＊결과보어로 자주 쓰이는 동사

❶ 完: 동작의 완료나 완성을 나타낸다.

看完　说完　吃完　卖完

❷ 到: 목적이 달성되었거나 어떤 지점어 도달했음을 나타낸다.

看到　听到　买到

❸ 见: 시각, 후각, 청각 등 감각 기관으로 느꼈음을 나타낸다.

看见　听见

✔ **확인 체크**　빈칸에 들어갈 알맞은 단어를 보기 에서 고르세요.

> 보기 ｜　看　看见　看完

❶ 我昨天在食堂________老师了。

❷ 你________，那件衣服怎么样?

❸ 这本书我已经________了，你拿去吧。

> 보기 ｜　买　买到

❹ 我去超市________牛奶。

❺ 超市的牛奶卖完了，我没有________。

❻ 你________，这个歌很不错。

❼ 他还没有________我的话就出去了。

❽ 对不起，刚才我没有________我的手机响。

✦响 xiǎng 동 소리가 나다, 울리다

2 동사 + 着

'着'는 동사 뒤에 놓여 동작의 지속이나 상태를 나타낸다.

我站着，你们坐着。
他穿着新衣服去见女朋友。
他手里拿着一本书。
房间的门开着。

✔ 확인 체크　제시된 단어를 배열하여 문장을 완성하세요.

❶ 着 / 穿 / 他 / 雨衣， / 雨伞 / 打 / 我 / 着

→ ______________________________

❷ 桌子 / 书 / 上 / 着 / 一 / 本 / 放

→ ______________________________

055

今天早上，我骑着自行车去学校。雨下得很大，我穿着
Jīntiān zǎoshang, wǒ qízhe zìxíngchē qù xuéxiào. Yǔ xià de hěn dà, wǒ chuānzhe

雨衣，背着书包，骑得很快。突然，前面一个人要过马路。我
yǔyī, bēizhe shūbāo, qí de hěn kuài. Tūrán, qiánmian yí ge rén yào guò mǎlù. Wǒ

赶紧刹车，可是来不及了。结果我们都摔倒了。我的自行车摔坏
gǎnjǐn shā chē, kěshì láibují le. Jiéguǒ wǒmen dōu shuāidǎo le. Wǒ de zìxíngchē shuāihuài

了，她的衣服也摔破了。真危险啊！以后，骑车的时候一定要
le, tā de yīfu yě shuāipò le. Zhēn wēixiǎn a! Yǐhòu, qí chē de shíhou yídìng yào

小心一点儿。
xiǎoxīn yìdiǎnr.

056

□□ 背 bēi 동 (등에) 짊어지다, 업다

□□ 赶紧 gǎnjǐn 부 재빨리, 서둘러

□□ 刹车 shā chē 동 브레이크를 걸다

□□ 来不及 láibují 동 늦다, (시간이 없어서) 손쓸 수가 없다

□□ 危险 wēixiǎn 명 형 위험(하다)

1 녹음을 듣고 빈칸을 채우세요.

2 대화에 표시된 부분(○)을 녹음에서 제시한 단어로 교체 연습을 해보세요.

1 057

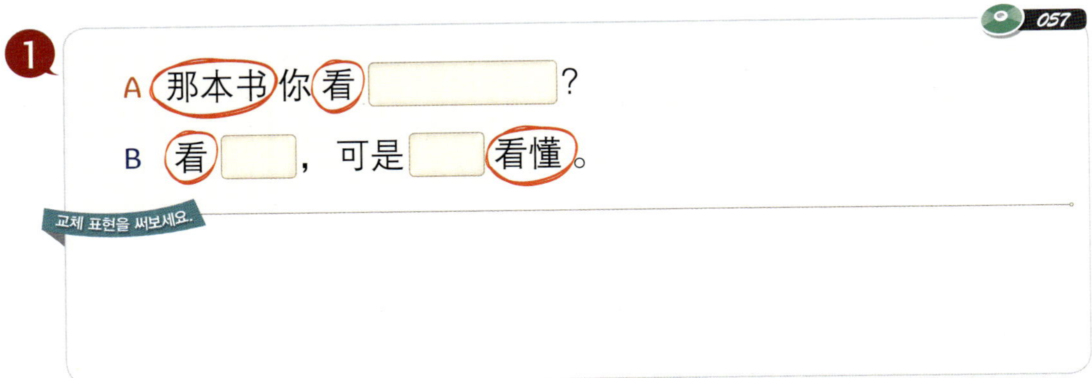

2 058

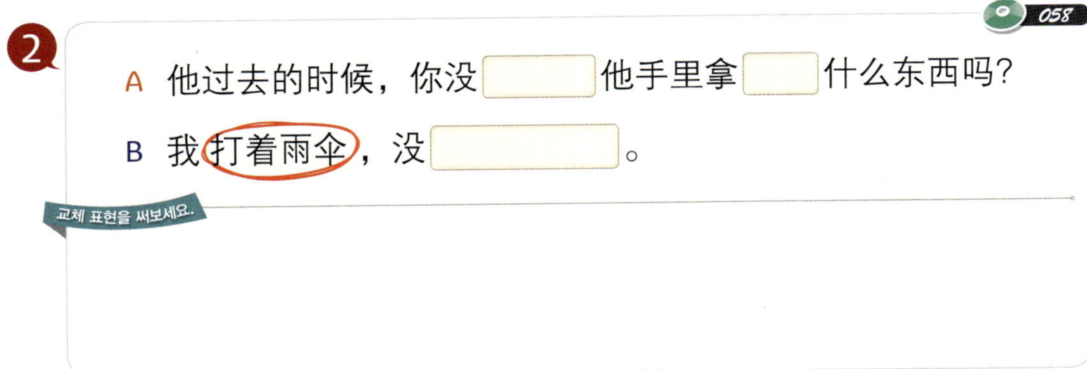

연습 문제

1 빈칸에 들어갈 알맞은 단어를 [보기]에서 고르세요.

[보기]   责任   主食   约会   情况   结果   季节

❶ 来点儿什么＿＿＿＿？米饭还是面条？

❷ 检查＿＿＿＿出来以后，我们会打电话通知你的。

❸ 这个周末我没有空儿，我有一个＿＿＿＿。

❹ 孩子在学校摔伤了，学校有没有＿＿＿＿？

2 빈칸에 들어갈 알맞은 단어를 [보기]에서 고르세요.

[보기]   伤   疼   坏   倒   破

❶ 今天我有点儿头＿＿＿＿。

❷ 我的自行车＿＿＿＿了，能用一下儿你的吗？

❸ 他的话＿＿＿＿了我的心。

❹ 那个小孩子不小心摔＿＿＿＿了。

3 제시된 단어를 배열하여 문장을 완성하세요.

❶ 马路 / 小心 / 过 / 时候 / 要 / 的

→ ＿＿＿＿＿＿＿＿＿＿＿＿＿＿＿＿＿＿＿＿＿

❷ 电脑 / 我 / 人 / 要 / 修理 / 找

→ ＿＿＿＿＿＿＿＿＿＿＿＿＿＿＿＿＿＿＿＿＿

❸ 责任 / 谁 / 这 / 是 / 的

→ ＿＿＿＿＿＿＿＿＿＿＿＿＿＿＿＿＿＿＿＿＿

❹ 知道 / 结果 / 时候 / 什么 / 可以 / 检查

→ ＿＿＿＿＿＿＿＿＿＿＿＿＿＿＿＿＿＿＿＿＿

교통수단의 변화

중국은 경제가 발전함에 따라 교통수단도 나날이 다양해지고 있습니다. 60년대에 중국에 자전거가 출현하면서 자전거는 재봉틀, 손목시계와 더불어 세 가지 중요한 물품이 되었고, 중국은 '자전거 왕국'이라는 칭호까지 얻게 되었습니다.

이후 버스, 지하철 등 대중교통이 보급되면서 중국인들의 생활에 커다란 변화가 생겼고, 교통 문제도 많이 해결되었습니다. 오늘날 중국은 세계 제1의 자동차 생산국과 소비국이 되었으며, 개인 자가용 보유자가 1억을 넘어섰습니다.

중국에서 가장 많이 판매되는 차종은 역시 외제 차이고, 한국의 현대자동차와 기아자동차도 중국의 교통법이나 도로 상황을 고려한 신차를 출시해서 높은 만족도를 얻고 있습니다. 그리고 중국에서 제조한 차들은 가격 면에서 경쟁력이 높아 중소 도시의 소비자들에게 인기를 얻고 있습니다.

경제 발전과 소비 성향의 변화로 중국에서 자동차 시장이 호황을 누리고 있지만 자동차 배기가스로 인한 대기 오염을 절대 등한시할 수 없습니다.

자가용 보유자가 1억을 넘어선 중국

중국 국내 시장에서 외국 브랜드가 인기를 끌고 있지만, 자국 브랜드에서 신에너지 자동차를 개발한다면 독보적인 입지를 차지할 수 있을 것이라고 판단하여 중국 정부가 다양한 지원을 하고 있습니다.

상하이 모터쇼

✪ 좀 더 알아보세요!

중국의 자동차 브랜드에 대해 조사해 보세요.

\회화/

귀신이야기

\어법/

방향보어 / 구조조사 地

□□ 相信 xiāngxìn 图 믿다, 신뢰하다

· 我不相信他。나는 그를 믿지 않는다. ㅣ 我们不相信他的话。우리는 그의 말을 믿지 않는다.

□□ 鬼 guǐ 몡 귀신

□□ 地 de 图 단어나 구가 부사어로 쓰여 술어를 수식할 때 쓰임

· 他慢慢地走出去。그는 천천히 걸어 나갔다. ㅣ 他高兴地唱了一个歌。그는 기쁘게 노래를 하나 불렀다.

□□ 一会儿 yíhuìr 몡 잠시, 잠깐 동안

· 他等了一会儿就走了。그는 잠시 기다린 후에 바로 갔다.

□□ 站 zhàn 图 서다

□□ 起来 qǐlái 图 일어나다, 일어서다

· 站起来 일어서다

□□ 声音 shēngyīn 몡 소리

□□ 半夜 bànyè 몡 한밤중

□□ 开灯 kāi dēng 등을 켜다, 불을 켜다

□□ 开 kāi 图 켜다, 열다

· 开电视 텔레비전을 켜다

□□ 灯 dēng 몡 등

· 关灯 등을 끄다

□□ 敢 gǎn 조통 감히 ~하다

□□ 好像 hǎoxiàng 분 마치 ~와 같다

· 那个人好像是小王。그 사람은 샤오왕 같다. ㅣ 这个字我们好像学过。이 글자는 우리가 배운 것 같다.

□□ 打开 dǎkāi 图 열다, 펴다

· 打开书 책을 펴다 ㅣ 打开抽屉 서랍을 열다

□□ 抽屉 chōuti 몡 서랍

□□ 待 dāi 图 머물다

·你打算在中国待多久? 너는 중국에서 얼마나 머무를 계획이니?

□□ 轻 qīng 囤 (무게가) 가볍다, (정도가) 얕다, 가볍다

·他的声音很轻。 그의 목소리는 매우 가볍다. ㅣ 他轻轻地走进来。 그는 살며시 걸어 들어왔다.

□□ 肯定 kěndìng 图 확신하다, 단정하다 囤 확실하다, 분명하다

□□ 窗户 chuānghu 圈 창문

□□ 关 guān 图 닫다, 끄다

□□ 小偷 xiǎotōu 圈 도둑

□□ 恐怕 kǒngpà 图 아마 ~일 것이다

·这么晚了，恐怕他不会来了。 이렇게 늦었으니, 아마도 그는 오지 않을 것이다.

□□ 偷 tōu 图 훔치다

□□ 拿走 názǒu 图 가지고 가다

□□ 走 zǒu 图 가다

·搬走 옮겨 가다 ㅣ 骑走 타고 가다 ㅣ 借走 빌려 가다

□□ 少 shǎo 图 잃다, 없어지다 囤 모자라다, 부족하다

·刚才是14个人，现在少了一个，只有13个了。 방금 전에는 14명이었는데, 지금은 한 명이 없어져서 13명만 있다.

□□ 钱包 qiánbāo 圈 지갑

□□ 糟糕 zāogāo 囤 못 쓰게 되다, 망치다, 엉망이 되다

□□ 看来 kànlái 보아하니, 보기에[문장에서 삽입어 역할을 함]

·看来，你很喜欢她。 보아하니, 너는 그녀를 매우 좋아하는구나.

□□ 见鬼 jiàn guǐ 图 귀신이 곡할 노릇이다, 귀신에 홀린 듯하다

회화 01 　귀신을 믿는 니타

🔊 060

林娜　大家都说你特别相信鬼，　你见过鬼吗？
Dàjiā dōu shuō nǐ tèbié xiāngxìn guǐ,　nǐ jiànguo guǐ ma?

尼塔　怎么没见过？ 昨天夜里，　我房间里就有一个鬼。
Nítǎ　Zěnme méi jiànguo?　Zuótiān yèli,　wǒ fángjiān li jiù yǒu yí ge guǐ.

林娜　是吗？ 那怎么可能呢？
Shì ma?　Nà zěnme kěnéng ne?

尼塔　真的。 我看见那个鬼慢慢地走进我的房间，
Zhēn de.　Wǒ kànjiàn nàge guǐ mànmān de zǒujìn wǒ de fángjiān,

在房间里走过来走过去，　一会儿坐下，
zài fángjiān li zǒu guòlai zǒu guòqu,　yíhuìr zuòxià,

一会儿站起来，　可是没有一点儿声音。
yíhuìr zhàn qǐlai,　kěshì méiyǒu yìdiǎnr shēngyīn.

林娜　什么时候？
Shénme shíhou?

尼塔　半夜一两点钟。
Bànyè yī-liǎng diǎnzhōng.

林娜　你开灯了吗？
Nǐ kāi dēng le ma?

尼塔　当然没有。 我很害怕，　不敢开。
Dāngrán méiyǒu.　Wǒ hěn hàipà,　bù gǎn kāi.

林娜	你同屋呢? Nǐ tóngwū ne?
尼塔	她回国了。 Tā huí guó le.
林娜	他还干了什么? Tā hái gànle shénme?
尼塔	谁? Shéi?
林娜	那个鬼。 Nàge guǐ.

尼塔　他好像还打开了我的抽屉，从抽屉里拿出什么东西来，
Tā hǎoxiàng hái dǎkāile wǒ de chōuti,　cóng chōuti li náchū shénme dōngxi lái,

放进他的包里去。
fàngjìn tā de bāo li qù.

林娜　他待了多长时间?
Tā dāile duōcháng shíjiān?

尼塔　大概半个小时。然后轻轻地走出房间去了。
Dàgài bàn ge xiǎoshí.　Ránhòu cīngqīng de zǒuchū fángjiān qù le.

林娜　你怎么能肯定那是一个鬼，不是一个人呢?
Nǐ zěnme néng kěndìng nà shì yí ge guǐ,　bú shì yí ge rén ne?

尼塔　我房间的门、窗户都关得好好的，如果是一个小偷，
Wǒ fángjiān de mén、chuānghu dōu guān de hǎohāo de,　rúguǒ shì yí ge xiǎotōu,

他怎么可能进来呢?
tā zěnme kěnéng jìnlai ne?

 *062*

林娜 我看，恐怕那是一个会偷东西的"鬼"。
Wǒ kàn, kǒngpà nà shì yí ge huì tōu dōngxi de "guǐ".

尼塔 可是，他没拿走什么东西啊。
Kěshì, tā méi názǒu shénme dōngxi a.

林娜 你快打开抽屉看看，是不是少了什么东西？
Nǐ kuài dǎkāi chōuti kànkan, shì bu shì shǎole shénme dōngxi?

尼塔 没有啊。
Méiyǒu a.

林娜 再好好儿地看看。你的钱包呢？
Zài hǎohāor de kànkan. Nǐ de qiánbāo ne?

尼塔 没问题，还在抽屉里。—— 糟糕，里面的钱没有了！
Méi wèntí, hái zài chōuti li. —— Zāogāo, lǐmiàn de qián méiyǒu le!

林娜 看来，这是一个喜欢钱的鬼。
Kànlái, zhè shì yí ge xǐhuan qián de guǐ.

尼塔 真见鬼！
Zhēn jiàn guǐ!

1 방향보어

방향보어는 술어 뒤에 '来', '去', '上', '下', '回', '过', '起' 등과 같은 표현을 써서
동작의 방향을 나타내는 보어를 말한다. '下来', '起来'처럼 '上', '下', '进', '出',
'回', '过' 뒤에 '来'나 '去'가 결합한 형태를 복합방향보어라고 한다.

단순방향보어　带来　坐下　走进　拿出
복합방향보어　坐下来　站起来　走过来　走出去

他在房间里走过来，走过去，一会儿坐下，一会儿站起来。
他走进房间，坐了下来。
他从抽屉里拿出一个钱包来，放进包里去。

✓ 확인 체크　빈칸에 들어갈 알맞은 단어를 **보기** 에서 고르세요.

보기 ┃　来　去　下　出　上来　下来　进去　过去　出来　出去

❶ 他从北京来看我，给我带________了一些北京的食品。

❷ 我下个星期去日本，我要给日本朋友带________一些特别的东西。

❸ 他从包里拿________一支笔________。

❹ 那支笔我已经放________包里________了。

❺ 他刚刚坐________，服务员就走________问他想吃什么。

2 **구조조사 地**

중첩된 형용사가 부사어로 쓰여 동사를 수식할 때, 일반적으로 부사어 뒤에 구조조사 '地'를 붙인다.

你应该好好儿地休息休息。
他轻轻地走出去了。

✔ 확인 체크 빈칸에 '的', '地', '得'를 넣어 문장을 완성하세요.

❶ 他慢慢儿______走进教室。

❷ 去上海______人很多。

❸ 他字写______很漂亮。

063

现在很少有人相信世界上有鬼，但是尼塔是个例外。很难
Xiànzài hěn shǎo yǒu rén xiāngxìn shìjiè shang yǒu guǐ, dànshì Nítǎ shì ge lìwài. Hěn nán

相信，尼塔这么相信鬼。昨天夜里，有一个小偷走进了尼塔的
xiāngxìn, Nítǎ zhème xiāngxìn guǐ. Zuótiān yèli, yǒu yí ge xiǎotōu zǒujìnle Nítǎ de

房间，拿走了她放在抽屉里的钱。事实上，尼塔听到小偷走进
fángjiān, názǒule tā fàngzài chōuti li de qián. Shìshí shang, Nítǎ tīngdào xiǎotōu zǒujìn

她的房间，也听到小偷打开她的抽屉。但是，她没敢看，也没
tā de fángjiān, yě tīngdào xiǎotōu dǎkāi tā de chōuti. Dànshì, tā méi gǎn kàn, yě méi

敢叫，当然也没有抓小偷。因为，她觉得那是一个鬼，不是
gǎn jiào, dāngrán yě méiyǒu zhuā xiǎotōu. Yīnwèi, tā juéde nà shì yí ge guǐ, bú shì

小偷。
xiǎotōu.

단어

064

☐☐ 例外 lìwài 명 예외

☐☐ 事实上 shìshí shang 사실은

☐☐ 抓 zhuā 통 잡다, 붙잡다

1 녹음을 듣고 빈칸을 채우세요.

2 대화에 표시된 부분(○)을 녹음에서 제시한 단어로 교체 연습을 해보세요.

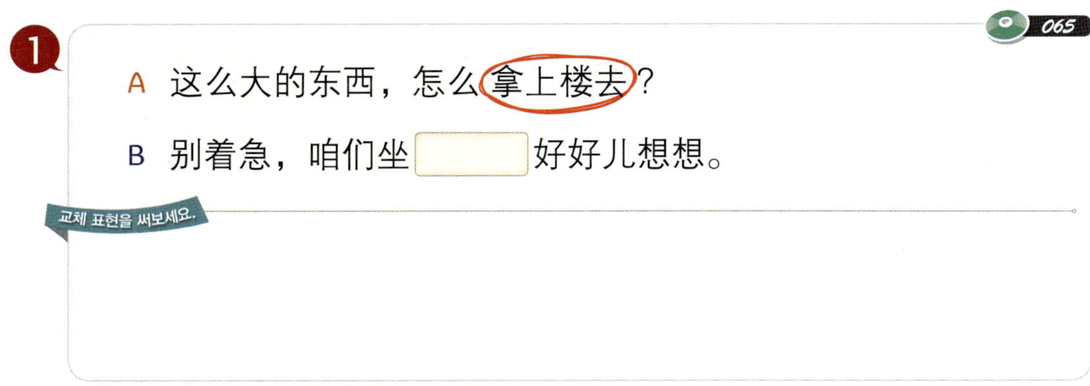

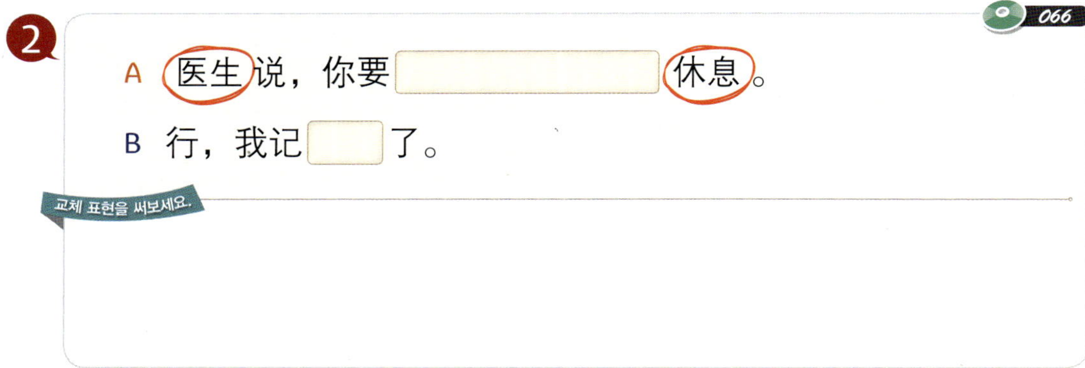

MEMO

1 最近在忙什么?

要…了

yào…le 곧 ~하려고 하다, ~할 것이다

毕业

bìyè 통 졸업하다

吧

ba 조 문장 끝에 쓰여 추측의 어기를 나타냄

研究生

yánjiūshēng 명 대학원생

专业

zhuānyè 명 전공

国际

guójì 명 국제

经济

jīngjì 명 경제

贸易

màoyì 명 무역

找

zhǎo 통 찾다

应该

yīnggāi 조동 응당 ~할 것이다, 마땅히 ~해야 한다

最近

zuìjìn 명 최근, 요즘

老样子

lǎo yàngzi 옛 모습

特别

tèbié 부 아주, 특히

完

wán 다하다, 끝내다

论文

lùnwén 명 논문

满意

mǎnyì 형 만족스럽다, 만족하다

着急

zháojí 형 조급하다, 안달하다

祝

zhù 통 축하하다, 빌다

好运

hǎoyùn 명 행운

白天

báitiān 명 낮

夜里

yèli 명 밤중

比赛

bǐsài 명 시합, 경기 통 시합하다, 겨루다

加班

jiā bān 통 초과 근무를 하다, 잔업하다

世界杯

Shìjiè Bēi 고유 월드컵

1 녹음을 듣고 받아쓰기해 보세요.

work 02

❶ _______________________ ❷ _______________________

❸ _______________________ ❹ _______________________

❺ _______________________ ❻ _______________________

❼ _______________________ ❽ _______________________

❾ _______________________ ❿ _______________________

2 녹음을 듣고 문장을 완성하세요.

work 03

❶ 你_______毕业_______？

❷ 毕业以后_______工作_______研究生？

❸ 那找一个好工作_______________。

❹ _______写_______论文，_______找工作。

❺ _______着急。_______你_______！

看&说　그림을 보고 자유롭게 대화해 보세요.

❶ 在

A　你在干什么？

B　_______________。

❷ 没

A　飞机票找到了吗？

B　_______________。

1 다음 문장을 해석해 보세요.

❶ 那找一个好工作应该没有问题。

→ _______________________________

❷ 找了几家公司，都不太满意。

→ _______________________________

❸ 白天考试，夜里看世界杯。你也很忙吧？

→ _______________________________

2 다음 문장을 바르게 고치세요.

❶ 昨天晚上的比赛你看没有了？

→ _______________________________

❷ 我正在找过一份满意的工作。

→ _______________________________

❸ 我们明年快要毕业了。

→ _______________________________

3 밑줄 친 부분을 중국어로 써보세요.

> 　　最近马小红一直都特别忙。上个月，❶ <u>그녀는 바삐 졸업 논문을 썼다</u>. 现在，论文终于写完了。这个月，她正在忙着找工作。❷ <u>다음 달에 곧 대학을 졸업한다,</u> ❸ <u>하지만 그녀는 아직 마음에 드는 일을 찾지 못했다.</u> 她的专业是国际贸易，她希望去一家有名的国际贸易公司，可是很难。她满意的公司不要她，要她的公司她不满意。你说烦人不烦人？

❶ _______________________________

❷ _______________________________

❸ _______________________________

2

京剧我看过。

看&写 녹음을 들으며 단어를 써보세요. 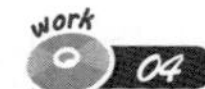

打球 ___________
dǎ qiú 공을 치다, 공놀이하다

系 ___________
xì 몡 학과

乒乓球 ___________
pīngpāngqiú 몡 탁구

输 ___________
shū 통 지다

篮球 ___________
lánqiú 몡 농구

赢 ___________
yíng 통 이기다

踢足球 ___________
tī zúqiú 축구를 하다

参加 ___________
cānjiā 통 참가하다, 참여하다

话 ___________
huà 몡 말

京剧 ___________
jīngjù 몡 경극

演出 ___________
yǎnchū 몡통 공연(하다)

会 ___________
huì 조통 ~할 수 있다, ~할 줄 알다

学生会 ___________
xuéshēnghuì 몡 학생회

活动 ___________
huódòng 몡 행사, 활동 통 활동하다, 움직이다

卖 ___________
mài 통 팔다

送 ___________
sòng 통 보내다, 주다

给 ___________
gěi ~에게

做 ___________
zuò 통 하다

生意 ___________
shēngyi 몡 장사, 사업

得 ___________
děi 조통 ~해야 한다

还 ___________
huán 통 돌려주다

图书馆 ___________
túshūguǎn 몡 도서관

过期 ___________
guò qī 통 기간이 지나다, 기한을 넘기다

罚款 ___________
fá kuǎn 통 벌금을 내다, 벌금을 부과하다

1 녹음을 듣고 받아쓰기해 보세요.

❶ ________________________   ❷ ________________________

❸ ________________________   ❹ ________________________

❺ ________________________   ❻ ________________________

❼ ________________________   ❽ ________________________

❾ ________________________   ❿ ________________________

2 녹음을 듣고 문장을 완성하세요.

❶ 以前______他们________吗?

❷ 这次______他们打________，我们________能赢。

❸ 下次________跟他们____足球，____________告诉我。

❹ 明天晚上我__________京剧，怎么样?

❺ 对不起，我__________还____图书馆。

看&说　그림을 보고 자유롭게 대화해 보세요.

❶ 

A　你以前看过京剧吗?

B　________________________。

❷ 

A　你是怎么来的?

B　________________________。

1 다음 문장을 해석해 보세요.

❶ 上次跟他们打乒乓球，我们输了。

→ _______________________________________

❷ 什么话！我怎么不行！

→ _______________________________________

❸ 快一个月了。过了期要罚款的。

→ _______________________________________

2 다음 문장을 바르게 고치세요.

❶ 那本书是什么时候还？ → _______________________

❷ 我不学过法语。 → _______________________

❸ 您再说请一遍。 → _______________________

3 밑줄 친 부분을 중국어로 써보세요.

我们每天的生活很有意思。❶ <u>중국어를 배우는 것 외에 우리는 또 많은 활동이 있다.</u> 我们的兴趣很不一样。大卫喜欢打篮球，他是学校篮球队的队员。王林参加了校学生会的京剧团，学会了唱京剧。田中喜欢看书，每天晚上都要去图书馆。我呢，喜欢踢足球，❷ <u>매주 주말 중국 친구와 함께 축구를 한다.</u> 当然，❸ <u>한 가지 우리가 같은 점이 있는데，</u> 那就是，我们都喜欢学习汉语。

❶ _______________________________________

❷ _______________________________________

❸ _______________________________________

3

他介绍得一点儿也不对。

看&写 녹음을 들으며 단어를 써보세요.

个子 ________________
gèzi 몡 키

矮 ________________
ǎi 혱 (키가) 작다

瘦 ________________
shòu 혱 마르다, 여위다

黑 ________________
hēi 혱 검다

头发 ________________
tóufa 몡 머리카락

平时 ________________
píngshí 몡 평소, 평상시

晚 ________________
wǎn 혱 늦다

穿 ________________
chuān 동 (옷·신발 등을) 입다, 신다

眼睛 ________________
yǎnjing 몡 눈

随便 ________________
suíbiàn 뷔 편한대로, 제멋대로, 마음대로

皮肤 ________________
pífū 몡 피부

T恤 ________________
T xù 몡 티셔츠

白 ________________
bái 혱 하얗다, 희다

条 ________________
tiáo 양 가늘고 긴 것을 세는 단위

舞会 ________________
wǔhuì 몡 무도회, 댄스파티

短裤 ________________
duǎnkù 몡 반바지

介绍 ________________
jièshào 동 소개하다

爱 ________________
ài 동 사랑하다, ～하기를 좋아하다

胖 ________________
pàng 혱 (몸이) 뚱뚱하다

让 ________________
ràng 동 ～하게 하다, ～하도록 시키다

早 ________________
zǎo 혱 이르다, 빠르다

害怕 ________________
hàipà 동 무서워하다, 두려워하다

所以 ________________
suǒyǐ 젭 그래서, 그러므로

糊里糊涂 ________________
húlihútú 혱 얼떨떨하다, 흐리멍덩하다

1 녹음을 듣고 받아쓰기해 보세요.

work 08

① ________________________   ② ________________________

③ ________________________   ④ ________________________

⑤ ________________________   ⑥ ________________________

⑦ ________________________   ⑧ ________________________

⑨ ________________________   ⑩ ________________________

2 녹음을 듣고 문장을 완성하세요.

work 09

① 她个子________的，________的，头发________的。

② 有女朋友____学习汉语____什么________?

③ 她女朋友________________?

④ 每次都________特别快，快得____人害怕。

⑤ 他介绍得________________不对。

看&说 그림을 보고 자유롭게 대화해 보세요.

①
以前…了

A 听说你喜欢踢足球，是吗?

B ________________________。

②
형용사 중첩

A 她长什么样儿?

B ________________________。

1 다음 문장을 해석해 보세요.

❶ 听说，她唱歌唱得非常好，跳舞也跳得不错。

→ ____

❷ 他以前吃得很少，所以很瘦，现在吃得多了，所以就胖了。

→ ____

❸ 我同屋爱喝酒。每次都喝得糊里糊涂的，糊涂得忘了自己叫什么名字。

→ ____

2 다음 문장을 바르게 고치세요.

❶ 他以前不喜欢唱歌了，现在喜欢了。

→ ____

❷ 她唱歌得非常好，跳舞也得不错。

→ ____

❸ 我一点儿也没累。

→ ____

3 밑줄 친 부분을 중국어로 써보세요.

那是王林和李大中，他们住一个房间。看到他们在一起走，你会觉得很好笑：❶ 한 명은 뚱뚱하고, 한 명은 마르고, 一个个子很高，一个个子比较矮。他们的习惯也不一样：❷ 한 명은 매일 일찍 자서 늦게 일어나고, 一个每天睡得很晚，起得很早。可是，他们俩是好朋友。他们总是在一起，❸ 한 사람이 잠자고 있을 때가 아니고서는.

❶ ____

❷ ____

❸ ____

4 他出去了。

看&写 녹음을 들으며 단어를 써보세요.

就 jiù 閏 곧, 즉시	**组织** zǔzhī 통 조직하다, 구성하다
机场 jīchǎng 명 공항	**参观** cānguān 통 참관하다, 견학하다
接 jiē 통 마중하다, 맞이하다	**要是⋯的话** yàoshi⋯dehuà 만약 ~라면
才 cái 閏 ~서야 비로소, ~가 되어서야	**叫** jiào 통 ~하게 하다, ~하도록 하다
进来 jìnlái 통 들어오다	**报名** bào míng 통 등록하다, 신청하다
过来 guòlái 통 오다, 다가오다	**免费** miǎnfèi 통 무료로 하다, 공짜로 하다
父母 fùmǔ 명 부모	**具体** jùtǐ 형 구체적이다
父亲 fùqīn 명 아버지	**情况** qíngkuàng 명 상황
母亲 mǔqīn 명 어머니	**通知** tōngzhī 명 통지, 통지서 통 통지하다, 알리다
好 hǎo 閏 (수량·시간사 앞에서) 많거나 오래되었음을 나타냄	**清楚** qīngchu 형 명확하다, 분명하다
怎么回事 zěnme huí shì 어찌 된 일이지?, 어떻게 된 일이야?	**办公室** bàngōngshì 명 사무실
陪 péi 통 모시다, 동반하다	**手机** shǒujī 명 휴대폰, 휴대 전화

1 녹음을 듣고 받아쓰기해 보세요.

work 11

① ___________________   ② ___________________

③ ___________________   ④ ___________________

⑤ ___________________   ⑥ ___________________

⑦ ___________________   ⑧ ___________________

⑨ ___________________   ⑩ ___________________

2 녹음을 듣고 문장을 완성하세요.

work 12

① 他______几天没去上课了，______________________?

② 他______他们去旅行，昨天________回来。

③ ________他想参加________，______他快去报名。

④ ______你告诉他，______他明天下午五点以前______我打个电话。

⑤ 他________以后，我一定________他。

  그림을 보고 자유롭게 대화해 보세요.

①

②

A 有什么事儿吗？

A 马丁在吗？

B ___________________。

B ___________________。

1 다음 문장을 해석해 보세요.

❶ 他好几天没去上课了，怎么回事？ → ________________________

❷ 学校下个月要组织一次参观活动，要是他想参加的话，叫他快去报名。

→ ________________________

❸ 我是王老师，我有事要找他。 → ________________________

2 다음 문장을 바르게 고치세요.

❶ 我常常上去楼看他，他也常常下来楼看我。

→ ________________________

❷ 他去我叫一下儿他的办公室。

→ ________________________

❸ 你快来过呀! → ________________________

3 밑줄 친 부분을 중국어로 써보세요.

大卫：

　　今天上午你的一位同学来找过你。她说她叫林娜。❶ 그녀가 나한테 너에게 알려주라고 했어. 学校下个月要组织一次参观活动，❷ 만일 네가 참가하고 싶으면 빨리 등록하러 가. 另外，王老师有事找你，让你明天下午五点以前给她打个电话。她办公室的电话是：82394567；手机是：13914826702。

　　我要睡了。❸ 내일 아침에 나는 지방으로 가야 해, 三天后回沪。

山本

4月30日晚11:30

❶ ________________________

❷ ________________________

❸ ________________________

5 我不会做菜。

看&写 녹음을 들으며 단어를 써보세요.

尝	干吗
cháng 동 맛보다	gàn má 뭐하니?, 어째서, 왜
西红柿	主食
xīhóngshì 명 토마토	zhǔshí 명 주식
炒	饺子
chǎo 동 볶다	jiǎozi 명 교자
鸡蛋	国家
jīdàn 명 계란	guójiā 명 국가
咸	规定
xián 형 짜다	guīdìng 명 규정, 규칙 동 규정하다
盐	满
yán 명 소금	mǎn 형 가득 차다 동 일정 한도에 이르다
醋	饱
cù 명 식초	bǎo 형 배부르다
鱼	该
yú 명 생선	gāi 조동 ~해야 한다
苦	洗
kǔ 형 쓰다, 고되다	xǐ 동 씻다
苦瓜	盘子
kǔguā 명 여주[식물]	pánzi 명 쟁반
辣	约会
là 형 맵다	yuēhuì 명 약속
热闹	才
rènao 형 떠들썩하다, 시끌벅적하다	cái 부 기껏해야, 겨우

1 녹음을 듣고 받아쓰기해 보세요.

work 14

❶ _______________________

❷ _______________________

❸ _______________________

❹ _______________________

❺ _______________________

❻ _______________________

❼ _______________________

❽ _______________________

❾ _______________________

❿ _______________________

2 녹음을 듣고 문장을 완성하세요.

work 15

❶ _____甜_____酸。

❷ _____热闹！你们_____________？

❸ 吃_____了，吃_____饱_______！

❹ 李大中_____________干，就_____他去洗吧。

❺ 现在_____六点半，_____早_____！

看&说 그림을 보고 자유롭게 대화해 보세요.

❶

A 这是我做的菜，_____________。

B 好，谢谢！

❷

A 你想不想参加比赛？

B _____________________。

1 다음 문장을 해석해 보세요.

❶ 你不能只吃不干。我们每个人都做了一个菜，你也得做一个。

→ ____

❷ 在我们国家有规定，不满二十一岁不可以喝酒。

→ ____

❸ 对了，我七点半有一个约会，我得走了。

→ ____

2 다음 문장을 바르게 고치세요.

❶ 我明天还想来吗？

→ ____

❷ 我能游泳。可是今天太冷，不会游。

→ ____

❸ 我的要去地方非常远。

→ ____

3 밑줄 친 부분을 중국어로 써보세요.

> 　　昨天晚上我们在大卫的房间开了一个party。❶ <u>다나카는 요리를 만드는 고수여서,</u>　带了两个菜来，都是她自己做的，❷ <u>보기도 좋고 맛도 좋았다.</u> 沙夏丽和林娜也带了两个菜，是他们国家的风味儿菜。李大中不会做菜，就带了两瓶酒。吃完菜、喝完酒以后，我们又一起唱歌、跳舞。❸ <u>어제저녁 우리는 정말 즐겁게 보냈다.</u>

❶ ____

❷ ____

❸ ____

我的家乡比这儿冷多了。

看&写 녹음을 들으며 단어를 써보세요.

预报 ____________________
yùbào 명 예보

差不多 ____________________
chàbuduō 형 비슷하다, 큰 차이가 없다

晴天 ____________________
qíngtiān 명 맑은 날씨

冬天 ____________________
dōngtiān 명 겨울

最 ____________________
zuì 부 제일, 가장

比 ____________________
bǐ 개 ~보다

温度 ____________________
wēndù 명 온도

凉快 ____________________
liángkuai 형 시원하다, 서늘하다

低 ____________________
dī 형 낮다

左右 ____________________
zuǒyòu 명 가량, 쯤

暖和 ____________________
nuǎnhuo 형 온화하다, 따뜻하다

下雨 ____________________
xià yǔ 동 비가 내리다

春天 ____________________
chūntiān 명 봄

和 ____________________
hé 접 ~와, ~과

季节 ____________________
jìjié 명 계절

太阳 ____________________
tàiyáng 명 태양, 해

夏天 ____________________
xiàtiān 명 여름

刮风 ____________________
guā fēng 동 바람이 불다

那么 ____________________
nàme 대 그렇게, 그런[상태·정도·방식 등을 나타냄]

零下 ____________________
língxià 명 영하

家乡 ____________________
jiāxiāng 명 고향

更 ____________________
gèng 부 더욱, 더, 훨씬

秋天 ____________________
qiūtiān 명 가을

下雪 ____________________
xià xuě 동 눈이 내리다

1 녹음을 듣고 받아쓰기해 보세요.

work 17

① ____________________   ② ____________________

③ ____________________   ④ ____________________

⑤ ____________________   ⑥ ____________________

⑦ ____________________   ⑧ ____________________

⑨ ____________________   ⑩ ____________________

2 녹음을 듣고 문장을 완성하세요.

work 18

① 最______温度______度，最______温度______度。

② 夏天______热，你______喜欢夏天？

③ 现在______是冬天______，______这儿冷______。

④ 我的家乡______冬天，每天______热。

⑤ ______这儿的夏天凉快______，最高温度______是三十度______。

看&说 그림을 보고 자유롭게 대화해 보세요.

①

②

A 今天有没有昨天那么冷？

B ______________________。

A 这两台手机哪一台好？

B ______________________。

1 다음 문장을 해석해 보세요.

❶ 那夏天也就快到了!

→ ____

❷ 我的家乡，现在还是夏天，还比较热，没有这么凉快。

→ ____

❸ 一个星期没看见太阳了。

→ ____

2 다음 문장을 바르게 고치세요.

❶ 今天跟昨天热一样。

→ ____

❷ 今天没有那么昨天热。

→ ____

❸ 今天比昨天多热了。

→ ____

3 밑줄 친 부분을 중국어로 써보세요.

　　我的家乡气候比这儿好多了。冬天比这儿暖和，不需要暖气；夏天比这儿凉快，❶ <u>에어컨이 필요없다.</u> ❷ <u>봄과 가을은 춥지도 덥지도 않아서 매우 쾌적하다.</u> 在我的家乡，最漂亮的季节是春天。那时候，❸ <u>비가 잘 내리지 않고 바람도 잘 불지 않아서,</u> 天气非常好，花儿都开了，好看极了。

❶ ____

❷ ____

❸ ____

7

我的自行车摔坏了。

看&写 녹음을 들으며 단어를 써보세요.

过 ________________
guò 통 가다, 건너다

摔 ________________
shuāi 통 (몸이 균형을 잃고) 쓰러지다, 넘어지다

伤 ________________
shāng 통 다치다, 상하다

胳膊 ________________
gēbo 명 팔

疼 ________________
téng 형 아프다

破 ________________
pò 통 파손되다, 찢어지다

检查 ________________
jiǎnchá 통 조사하다, 검사하다

坏 ________________
huài 형 고장 나다, 상하다, 망가지다

办 ________________
bàn 통 하다, 처리하다, 취급하다

警察 ________________
jǐngchá 명 경찰

撞 ________________
zhuàng 통 부딪치다

突然 ________________
tūrán 부 갑자기, 돌연히 형 갑작스럽다

雨衣 ________________
yǔyī 명 우의, 비옷

拿 ________________
ná 통 (손으로) 쥐다, 잡다

打雨伞 ________________
dǎ yǔsǎn 우산을 받치다

低头 ________________
dī tóu 통 고개를 숙이다

结果 ________________
jiéguǒ 명 결과 부 결국, 끝내

倒 ________________
dǎo 통 넘어지다, 자빠지다

小心 ________________
xiǎoxīn 통 조심하다, 주의하다

责任 ________________
zérèn 명 책임

这样 ________________
zhèyàng 대 이렇게, 이래서

修理 ________________
xiūlǐ 통 수리하다, 고치다

上班 ________________
shàng bān 통 출근하다

下班 ________________
xià bān 통 퇴근하다

1 녹음을 듣고 받아쓰기해 보세요.

work 20

① ____________________
② ____________________
③ ____________________
④ ____________________
⑤ ____________________
⑥ ____________________
⑦ ____________________
⑧ ____________________
⑨ ____________________
⑩ ____________________

2 녹음을 듣고 문장을 완성하세요.

work 21

① 你__________没有？

② 胳膊__________疼，衣服也摔______了。

③ 我的自行车摔______了，________骑了。

④ 我______雨衣，没________。

⑤ 他骑______很快，左手______拿______东西。

看&说 그림을 보고 자유롭게 대화해 보세요.

① 결과보어

A 那本书你看了没有？

B ____________________。

② 着

A 你没看见他手里拿着什么东西吗？

B ____________________。

1 다음 문장을 해석해 보세요.

❶ 胳膊有点儿疼，衣服也摔破了。　→ ________________________

❷ 我打着雨伞，也没看清楚。　→ ________________________

❸ 你们都有责任。这样吧，你先陪她去医院检查一下儿，检查完以后，你陪他去修理自行车。

→ ____

2 다음 문장을 바르게 고치세요.

❶ 他摔倒了，不过不摔伤。

→ ____

❷ 他穿新衣服去见着女朋友。

→ ____

❸ 他手里拿着一本书了。

→ ____

3 밑줄 친 부분을 중국어로 써보세요.

今天早上，我骑着自行车去学校。雨下得很大，❶ 나는 우의를 입고 책가방을 메고，骑得很快。突然，❷ 앞에서 한 사람이 길을 건너려고 했다. 我赶紧刹车，可是来不及了。结果我们都摔倒了。❸ 내 자전거는 넘어져서 고장이 났고, 그녀의 옷도 넘어지면서 찢어졌다. 真危险啊！以后，骑车的时候一定要小心一点儿。

❶ ____

❷ ____

❸ ____

8

他轻轻地走出房间去了。

看&写 녹음을 들으며 단어를 써보세요.

相信 ___________________
xiāngxìn 圄 믿다, 신뢰하다

一会儿 ___________________
yíhuìr 圐 잠시, 잠깐 동안

站 ___________________
zhàn 圄 서다

声音 ___________________
shēngyīn 圐 소리

半夜 ___________________
bànyè 圐 한밤중

开灯 ___________________
kāi dēng 등을 켜다, 불을 켜다

敢 ___________________
gǎn 조동 감히 ~하다

好像 ___________________
hǎoxiàng 圊 마치 ~와 같다

打开 ___________________
dǎkāi 圄 열다, 펴다

抽屉 ___________________
chōuti 圐 서랍

待 ___________________
dāi 圄 머물다

轻 ___________________
qīng 圊 (무게가) 가볍다, (정도가) 얕다, 가볍다

肯定 ___________________
kěndìng 圄 확신하다, 단정하다 圊 확실하다, 분명하다

窗户 ___________________
chuānghu 圐 창문

关 ___________________
guān 圄 닫다, 끄다

小偷 ___________________
xiǎotōu 圐 도둑

恐怕 ___________________
kǒngpà 圊 아마 ~일 것이다

偷 ___________________
tōu 圄 훔치다

拿走 ___________________
názǒu 圄 가지고 가다

少 ___________________
shǎo 圄 잃다, 없어지다 圊 모자라다, 부족하다

钱包 ___________________
qiánbāo 圐 지갑

糟糕 ___________________
zāogāo 圊 못 쓰게 되다, 망치다, 엉망이 되다

看来 ___________________
kànlái 보아하니, 보기에[문장에서 삽입어 역할을 함]

见鬼 ___________________
jiàn guǐ 圄 귀신이 곡할 노릇이다, 귀신에 홀린 듯하다

1 녹음을 듣고 받아쓰기해 보세요.

work 23

① _______________________ ② _______________________

③ _______________________ ④ _______________________

⑤ _______________________ ⑥ _______________________

⑦ _______________________ ⑧ _______________________

⑨ _______________________ ⑩ _______________________

2 녹음을 듣고 문장을 완성하세요.

work 24

① 我看见那个鬼__________走______我的房间。

② 我很_______，不______开。

③ 他_______还打______了我的抽屉，______抽屉里拿______什么东西来，
放______他的包______。

④ _______半个小时。_______轻轻______走出房间去了。

⑤ 我房间的门、窗户都关______好好______。

看&说 그림을 보고 자유롭게 대화해 보세요.

①

②

A 这么大的东西，怎么__________？ A 医生说，你要__________。

B 咱们坐下好好儿想想。 B 行，我记住了。

1 다음 문장을 해석해 보세요.

❶ 那怎么可能呢? → ________________

❷ 我看见那个鬼慢慢地走进我的房间，在房间里走过来走过去，一会儿坐下，一会儿站起来，可是没有一点儿声音。

→ ________________

____

❸ 你怎么能肯定那是一个鬼，不是一个人呢?

→ ________________

2 다음 문장을 바르게 고치세요.

❶ 他走进房间，坐了上去。 → ________________

❷ 你应该好好儿得休息休息。 → ________________

❸ 他从抽屉里出来拿一个钱包，放进去包。

→ ________________

3 밑줄 친 부분을 중국어로 써보세요.

　　现在很少有人相信世界上有鬼，❶ 하지만 니타는 예외다. 很难相信，尼塔这么相信鬼。昨天夜里，有一个小偷走进了尼塔的房间，❷ 그녀가 서랍 안에 넣어 둔 돈을 가져갔다. 事实上，尼塔听到小偷走进她的房间，也听到小偷打开她的抽屉。但是，❸ 그녀는 감히 보지도 감히 소리를 지르지도 못했고, 当然也没有抓小偷。因为，她觉得那是一个鬼，不是小偷。

❶ ________________

❷ ________________

❸ ________________

9. 我当了二十多年的交通警察。

看&写 녹음을 들으며 단어를 써보세요.

来得及 ___________
láidejí 동 늦지 않다, (시간이 있어서) 손쓸 수가 있다

来不及 ___________
láibují 동 늦다, (시간이 없어서) 손쓸 수가 없다

还是 ___________
háishi 부 여전히, 아직도

担心 ___________
dān xīn 동 염려하다, 걱정하다

放心 ___________
fàng xīn 동 마음을 놓다, 안심하다

堵车 ___________
dǔ chē 동 차가 막히다

保证 ___________
bǎozhèng 동 보증하다, 책임지다

一大早 ___________
yídàzǎo 명 이른 새벽

觉得 ___________
juéde 동 ~라고 생각하다, ~라고 여기다

习惯 ___________
xíguàn 명 습관, 버릇 동 습관이 되다, 익숙해지다

农村 ___________
nóngcūn 명 농촌

当 ___________
dāng 동 맡다, ~이 되다

农民 ___________
nóngmín 명 농민

工厂 ___________
gōngchǎng 명 공장

工人 ___________
gōngrén 명 노동자

后来 ___________
hòulái 명 그 후, 그 뒤

辞职 ___________
cí zhí 동 사직하다, 직장을 그만두다

看上去 ___________
kàn shàngqu 보아하니 ~하다

原来 ___________
yuánlái 명부 원래, 본래 형 원래의, 본래의

旧 ___________
jiù 형 헐다, 오래되다, 낡다

挣钱 ___________
zhèng qián 동 돈을 벌다

找麻烦 ___________
zhǎo máfan 골칫거리를 만들다, 귀찮게 하다

添麻烦 ___________
tiān máfan 폐를 끼치다, 성가시게 하다

流利 ___________
liúlì 형 (말이나 문장이) 유창하다

1 녹음을 듣고 받아쓰기해 보세요.

work 26

❶ ______________________ ❷ ______________________

❸ ______________________ ❹ ______________________

❺ ______________________ ❻ ______________________

❼ ______________________ ❽ ______________________

❾ ______________________ ❿ ______________________

2 녹음을 듣고 문장을 완성하세요.

work 27

❶ 我____________担心。你能不能开得____________?

❷ 不堵车________，________一刻钟____________到。

❸ 每天____________出来，晚上十一二点______能回家。

❹ ________，我______了，去学开车，买______一辆二手车。

❺ 我当了____________的交通警察。

看&说　그림을 보고 자유롭게 대화해 보세요.

❶

A　你每天睡几个小时的觉？

B　____________________。

❷

A　你每天学习几个小时的汉语？

B　____________________。

1 다음 문장을 해석해 보세요.

❶ 这是第二辆了，原来的那辆旧车坏了。

→ ____

❷ 哪里，我常常给他们添麻烦。

→ ____

❸ 才学了半年，就说得这么好，不容易!

→ ____

2 다음 문장을 바르게 고치세요.

❶ 我来中国一年差不多了。

→ ____

❷ 我们每天上课四个小时。

→ ____

❸ 我们等了半天他。

→ ____

3 밑줄 친 부분을 중국어로 써보세요.

> 　　坐出租车的时候，我喜欢跟出租车司机聊天儿。这是练习汉语的好机会，也是了解普通中国人的好机会。出租车司机的工作很辛苦，❶ <u>봄 여름 가을 겨울을 막론하고, 바람이 불거나 비가 오는 것을 막론하고,</u> ❷ <u>매일 열몇 시간씩 차를 운전해야 한다.</u> 但是我感到，❸ <u>그들 대부분이 자신의 일을 매우 좋아하고,</u> 他们的工作也都很努力。

❶ ____

❷ ____

❸ ____

10 我能不生气吗?

看&写 녹음을 들으며 단어를 써보세요.

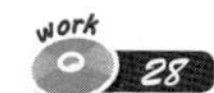
work 28

退 ___________________
tuì 동 (구매한 물건 등을) 반환하다, 무르다

货 ___________________
huò 명 물건

毛衣 ___________________
máoyī 명 스웨터

另外 ___________________
lìngwài 접 이 외에, 이 밖에

颜色 ___________________
yánsè 명 색, 색깔

试 ___________________
shì 동 시도하다, 시험해 보다

礼物 ___________________
lǐwù 명 선물

带 ___________________
dài 동 (몸에) 지니다, 가지다

发票 ___________________
fāpiào 명 영수증

盖 ___________________
gài 동 (도장을) 찍다, 날인하다

图章 ___________________
túzhāng 명 도장

没错儿 ___________________
méi cuòr 틀림없다, 맞다

绿 ___________________
lǜ 형 푸르다

蓝 ___________________
lán 형 남빛의, 남색의

岂有此理 ___________________
qǐ yǒu cǐ lǐ 성 어찌 이럴 수가 있단 말인가?

生气 ___________________
shēng qì 동 화내다, 성내다

合适 ___________________
héshì 형 적합하다, 알맞다

质量 ___________________
zhìliàng 명 품질

服务 ___________________
fúwù 명 서비스 동 봉사하다, 서비스하다

态度 ___________________
tàidu 명 태도

差 ___________________
chà 형 나쁘다, 모자라다, 좋지 않다

要求 ___________________
yāoqiú 명동 요구(하다)

过分 ___________________
guòfèn 형 지나치다, 과분하다

经理 ___________________
jīnglǐ 명 경영 관리 책임자, 매니저

1 녹음을 듣고 받아쓰기해 보세요.

work 29

① ____________________ ② ____________________

③ ____________________ ④ ____________________

⑤ ____________________ ⑥ ____________________

⑦ ____________________ ⑧ ____________________

⑨ ____________________ ⑩ ____________________

2 녹음을 듣고 문장을 완성하세요.

work 30

① 您买的时候没有____________吗?

② 给我换一______，我不喜欢绿的，给我一件黄的______红的。

③ 我买的衣服不______，______退换?

④ ______，这件毛衣您______穿______两次______。

⑤ ______我们的服务态度不好，______您的要求____________?

看&说　그림을 보고 자유롭게 대화해 보세요.

①

②

A　对不起，____________。　　A　你不是要去国外旅行吗?

B　我已经说了三遍了。　　　　B　____________。

1 다음 문장을 해석해 보세요.

❶ 我有一件毛衣，是在你们这儿买的，有点儿小，另外，我不太喜欢
这种颜色。我要退货。

→ ____

❷ 岂有此理! → ____

❸ 你们的服务态度太差了! → ____

2 다음 문장을 바르게 고치세요.

❶ 我们每星期见面一次。

→ ____

❷ 他借一台我电脑。

→ ____

❸ 我买的衣服不合适，怎么能退?

→ ____

3 밑줄 친 부분을 중국어로 써보세요.

我有一件绿毛衣，是上星期五我过生日的时候我朋友送我
的，我穿了两次，觉得有点儿小，颜色也不太好看，就去商店要
求退货或者换一件。❶ 생각지도 못하게 상점에서는 교환해 주려고 하지 않았는
데, 理由是这件毛衣已经穿过了。可是，❷ 이 스웨터를 나는 모두 합쳐서
몇 시간밖에 입지 않아서, 还跟新的一样。如果我不告诉他们，❸ 그들이
내가 입어 봤는지 어찌 알겠는가? 你说我能不生气吗?

❶ ____

❷ ____

❸ ____

11 里面的家具件件都是新的。

看&写 녹음을 들으며 단어를 써보세요.

Work 31

租 ＿＿＿＿＿＿＿＿
zū 동 세내다, 빌리다

公寓 ＿＿＿＿＿＿＿＿
gōngyù 명 아파트

卧室 ＿＿＿＿＿＿＿＿
wòshì 명 침실

客厅 ＿＿＿＿＿＿＿＿
kètīng 명 거실, 응접실

房东 ＿＿＿＿＿＿＿＿
fángdōng 명 집주인

中介费 ＿＿＿＿＿＿＿＿
zhōngjiè fèi 중개 수수료

水电费 ＿＿＿＿＿＿＿＿
shuǐ diàn fèi 수도 전기 요금

付 ＿＿＿＿＿＿＿＿
fù 동 돈을 지급하다, 돈을 지불하다

电梯 ＿＿＿＿＿＿＿＿
diàntī 명 엘리베이터

爬 ＿＿＿＿＿＿＿＿
pá 동 오르다, 기어오르다

锻炼 ＿＿＿＿＿＿＿＿
duànliàn 동 (몸을) 단련하다

厨房 ＿＿＿＿＿＿＿＿
chúfáng 명 부엌

卫生间 ＿＿＿＿＿＿＿＿
wèishēngjiān 명 화장실

家具 ＿＿＿＿＿＿＿＿
jiājù 명 가구

电器 ＿＿＿＿＿＿＿＿
diànqì 명 전기 기구, 가전제품

冰箱 ＿＿＿＿＿＿＿＿
bīngxiāng 명 냉장고

洗衣机 ＿＿＿＿＿＿＿＿
xǐyījī 명 세탁기

各种 ＿＿＿＿＿＿＿＿
gè zhǒng 각종의

洗澡 ＿＿＿＿＿＿＿＿
xǐ zǎo 동 목욕하다

包括 ＿＿＿＿＿＿＿＿
bāokuò 동 포함하다, 포괄하다

押金 ＿＿＿＿＿＿＿＿
yājīn 명 보증금, 선금

合同 ＿＿＿＿＿＿＿＿
hétong 명 계약

考虑 ＿＿＿＿＿＿＿＿
kǎolǜ 동 고려하다, 생각하다

决定 ＿＿＿＿＿＿＿＿
juédìng 명동 결정(하다)

1 녹음을 듣고 받아쓰기해 보세요.

work 32

① _______________________ ② _______________________

③ _______________________ ④ _______________________

⑤ _______________________ ⑥ _______________________

⑦ _______________________ ⑧ _______________________

⑨ _______________________ ⑩ _______________________

2 녹음을 듣고 문장을 완성하세요.

work 33

① 你看，这些都是两______一______的。

② 电视、空调__________，都有吗？

③ ______你们____公寓满意______，付中介费500块。

④ 厨房和卫生间是小了点儿，______卧室很大。你看，里面的家具______都是新的。

⑤ 租金贵了__________。______，是不是要付押金？

看&说　그림을 보고 자유롭게 대화해 보세요.

①

A 你觉得这里怎么样啊？

B ________________________。

②

A 我们是不是可以回去了？

B ________________________。

1 다음 문장을 해석해 보세요.

❶ 你放心，样样都有。

→ ____

❷ 天天这样爬上爬下，累死人了。

→ ____

❸ 你们考虑考虑吧，决定以后给我打电话。

→ ____

2 다음 문장을 바르게 고치세요.

❶ 他们班的学生个都很聪明。

→ ____

❷ 件件大路通罗马。

→ ____

❸ 今天的天气一点儿热了。

→ ____

3 밑줄 친 부분을 중국어로 써보세요.

我跟我的好朋友早就想从学校宿舍搬出去，合租一个公寓。❶ 부동산 중개소의 소개를 거쳐, ❷ 우리는 학교에서 비교적 가까운 아파트 한 채를 선택했다. 今天去跟房东见了面，看了房间。虽然楼层高了点儿，厨房和卫生间小了点儿，❸ 하지만 대체로 그럭저럭 괜찮았다. 我们明天去跟房东签合同。

❶ ____

❷ ____

❸ ____

12 我常常一边吃饭一边工作。

看&写 녹음을 들으며 단어를 써보세요.

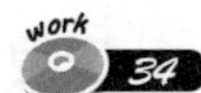

医生	**紧张**
yīshēng 몡 의사	jǐnzhāng 혱 긴장하다, 긴박하다, 빠듯하다
全身	**学期**
quánshēn 몡 전신, 온몸	xuéqī 몡 학기
胃口	**开药方**
wèikǒu 몡 식욕, 입맛	kāi yàofāng 처방을 내리다, 처방전을 쓰다
睡着	**药方**
shuìzháo 잠들다	yàofāng 몡 처방, 처방전
上床	**西药**
shàng chuáng 통 침대에 오르다	xīyào 몡 양약
精神	**打针**
jīngshen 몡 원기, 활력 혱 활기차다	dǎ zhēn 통 주사를 놓다, 주사를 맞다
感冒	**早晨**
gǎnmào 몡 감기 통 감기에 걸리다	zǎochen 몡 (이른) 아침, 새벽
发烧	**跑步**
fā shāo 통 열이 나다	pǎo bù 통 조깅을 하다
心脏	**躺**
xīnzàng 몡 심장	tǎng 통 눕다, 드러눕다
胃	**笑话**
wèi 몡 위	xiàohua 몡 우스갯소리, 농담
得病	**电影**
dé bìng 통 병에 걸리다	diànyǐng 몡 영화
别的	**开玩笑**
biéde 떼 다른 것, 다른 사람	kāi wánxiào 농담을 하다

1 녹음을 듣고 받아쓰기해 보세요.

work 35

❶ ____________________   ❷ ____________________

❸ ____________________   ❹ ____________________

❺ ____________________   ❻ ____________________

❼ ____________________   ❽ ____________________

❾ ____________________   ❿ ____________________

2 녹음을 듣고 문장을 완성하세요.

work 36

❶ 以前一______能吃三______汉堡包，现在______能吃半个了。

❷ ________没胃口________，______有什么问题？

❸ 除了精神不好以外，__________好。

❹ 我________在公司工作，________在学校学习。

❺ 最近，学期______结束______，下个星期________考试，

__________________紧张？

看&说　그림을 보고 자유롭게 대화해 보세요.

❶

A　再吃点儿吧。

B　____________________。

❷

A　你喜欢喝什么饮料？

B　____________________。

1 다음 문장을 해석해 보세요.

❶ 全身都不舒服？请你说得具体一点儿。

→ ___________________________________

❷ 除了睡不着以外，还有什么问题？

→ ___________________________________

❸ 午饭后躺在床上看笑话，每天一次，每次一刻钟。

→ ___________________________________

2 다음 문장을 바르게 고치세요.

❶ 书上的字太小，我眼睛不好，不看得清楚。

→ ___________________________________

❷ 这么多书，房间里放得下放得不下？

→ ___________________________________

❸ 一边他看电视，一边喝咖啡。 → ___________________________________

3 밑줄 친 부분을 중국어로 써보세요.

❶ 나는 회사에서 일하면서, 중국어를 공부한다. 最近，工作和学习都特别紧张。这几天，我全身都不舒服，没胃口，睡不着。我想我可能是病了。我去看了医生。医生开的药方很奇怪。❷ 그는 나더러 TV를 보거나 재미있는 이야기를 읽으라고 했다. 我觉得，他在跟我开玩笑。不过，医生开的药方真不错。❸ 내가 의사의 말대로 한 이후에, 觉也睡得着了，饭也吃得下了，工作效率也高了很多。现在，我一边学习，一边工作，又跟以前一样轻松了。

❶ ___________________________________

❷ ___________________________________

❸ ___________________________________

13

差点儿让汽车撞了。

看&写 녹음을 들으며 단어를 써보세요.

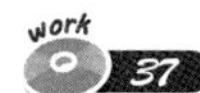

运气 ___________
yùnqi 명 운, 운수

取 ___________
qǔ 동 가지다, 얻다, 찾다

倒霉 ___________
dǎoméi 형 운이 없다, 재수 없다

发生 ___________
fāshēng 동 발생하다, 일어나다

邮局 ___________
yóujú 명 우체국

寄 ___________
jì 동 (우편으로) 부치다, 보내다

封 ___________
fēng 양 통

信 ___________
xìn 명 편지

排队 ___________
pái duì 동 줄을 서다

停 ___________
tíng 동 세우다, 정지하다, 멎다

被 ___________
bèi 개 ~에 의해

飞 ___________
fēi 동 날다

胆子 ___________
dǎnzi 명 담력, 용기, 배짱

怪 ___________
guài 동 책망하다, 탓하다

丢 ___________
diū 동 잃다, 잃어버리다

报案 ___________
bào àn 동 (경찰이나 사법 기관에) 신고하다, 보고하다

派出所 ___________
pàichūsuǒ 명 파출소

只好 ___________
zhǐhǎo 부 부득이, 어쩔 수 없이

注意 ___________
zhùyì 동 주의하다, 조심하다

差点儿 ___________
chàdiǎnr 부 하마터면

危险 ___________
wēixiǎn 명형 위험(하다)

安全 ___________
ānquán 명형 안전(하다)

手表 ___________
shǒubiǎo 명 손목시계

批评 ___________
pīpíng 명동 비평(하다), 비판(하다)

1 녹음을 듣고 받아쓰기해 보세요.

work 38

① ________________　② ________________

③ ________________　④ ________________

⑤ ________________　⑥ ________________

⑦ ________________　⑧ ________________

⑨ ________________　⑩ ________________

2 녹음을 듣고 문장을 완성하세요.

work 39

① ______开始______倒霉：等了一个小时______拿到钱。

② 这种事儿以前__________发生______呀。

③ 你______自行车停______哪儿了？

④ __________。______走得太急，过马路的时候没注意红灯，__________汽车______了。

⑤ 迟到了一个小时，你__________老师批评______。

看&说　그림을 보고 자유롭게 대화해 보세요.

①

把

A　这些书怎么办？

B　__________。

②

一…就…

A　你怎么没跟他们一起去逛街？

B　__________。

1 다음 문장을 해석해 보세요.

❶ 也怪我自己。我忘了锁车。

→ _______________________________

❷ 我马上到派出所报案，然后马上就回学校了。

→ _______________________________

❸ 你说得一点儿没错。我一进教室，老师就把我批评了一顿。

→ _______________________________

2 다음 문장을 바르게 고치세요.

❶ 我被发票扔到垃圾箱里去了。

→ _______________________________

❷ 我把不想那本书还给图书馆。

→ _______________________________

❸ 我让差点儿汽车撞了。　　　　　　→ _______________________________

3 밑줄 친 부분을 중국어로 써보세요.

> 　　以前，我哥哥过马路的时候非常小心，一定要等绿灯亮了才过马路。可是，他女朋友觉得：❶ <u>이 사람은 담력이 너무 작아! 정말 남자답지 못해.</u> 所以，就跟他分手了。后来，我哥哥又有了一个女朋友。他想：我应该胆子大一点儿。所以，❷ <u>그는 길을 건널 때 더 이상 신호등을 보지 않았다.</u> 他女朋友心里想：这个人怎么闯红灯啊？❸ <u>수준이 너무 떨어져!</u> 所以，也跟他说再见了。

❶ _______________________________

❷ _______________________________

❸ _______________________________

14 祝你们生活幸福!

看&写 녹음을 들으며 단어를 써보세요.

举行 ______
jǔxíng 통 거행하다

婚礼 ______
hūnlǐ 명 결혼식, 혼례

新娘 ______
xīnniáng 명 신부

新郎 ______
xīnláng 명 신랑

同事 ______
tóngshì 명 동료

谈恋爱 ______
tán liàn'ài 연애를 하다

最后 ______
zuìhòu 부 마지막에

同意 ______
tóngyì 통 동의하다

老外 ______
lǎowài 명 외국인

惯 ______
guàn 통 습관이 되다, 익숙해지다

属 ______
shǔ 통 (십이지의) ~띠다

明白 ______
míngbai 통 알다, 이해하다

结婚 ______
jié hūn 통 결혼하다

吵架 ______
chǎo jià 통 싸우다

发现 ______
fāxiàn 통 발견하다, 알아차리다

脾气 ______
píqi 명 성격, 성질

认真 ______
rènzhēn 형 진지하다, 성실하다, 착실하다

感情 ______
gǎnqíng 명 감정, 애정

确实 ______
quèshí 부 확실히, 틀림없이

反对 ______
fǎnduì 통 반대하다

醉 ______
zuì 통 취하다

生活 ______
shēnghuó 명 생활 통 살다, 생활하다

幸福 ______
xìngfú 형 행복하다

快乐 ______
kuàilè 형 기쁘다, 즐겁다

1 녹음을 듣고 받아쓰기해 보세요.

work 41

① ____________________   ② ____________________

③ ____________________   ④ ____________________

⑤ ____________________   ⑥ ____________________

⑦ ____________________   ⑧ ____________________

⑨ ____________________   ⑩ ____________________

2 녹음을 듣고 문장을 완성하세요.

work 42

① 他们在______一个公司工作，____________________四年。

② 听说最后______________谈______？

③ ______女儿交______一个老外，能________吗？

④ 老人说，________一个属虎，一个属龙，结婚以后______吵架______。

⑤ 我已经喝______太多了，______喝，就要喝______了。

看&说 그림을 보고 자유롭게 대화해 보세요.

①

A　再拍几张吧。

B　____________________。

②

A　祝你____________________！

B　谢谢！

1 다음 문장을 해석해 보세요.

❶ 入乡随俗嘛。

→ ____

❷ 开始的时候，小李的母亲担心小李跟一个外国人在一起过不惯。

→ ____

❸ 除了汉语说得很流利以外，他脾气也很好，做事也非常认真。

→ ____

2 다음 문장을 바르게 고치세요.

❶ 马克跟小李的感情也非常确实好。

→ ____

❷ 今天得喝多几杯呀。

→ ____

❸ 祝你们天天都快乐快乐!

→ ____

3 밑줄 친 부분을 중국어로 써보세요.

今天我参加了一个婚礼。新郎是我的同胞，也是我的好朋友。❶ <u>신부는 예쁜 중국 아가씨다.</u> ❷ <u>그들은 같은 회사에서 일하고, 4년 동안 연애를 했다.</u> 开始的时候，新娘的父母不太同意女儿跟一个老外谈朋友。不过，见过几次面以后，❸ <u>그들은 이 젊은이가 매우 괜찮다고 생각해서,</u> 就接受了这位"洋女婿"。

❶ ____

❷ ____

❸ ____

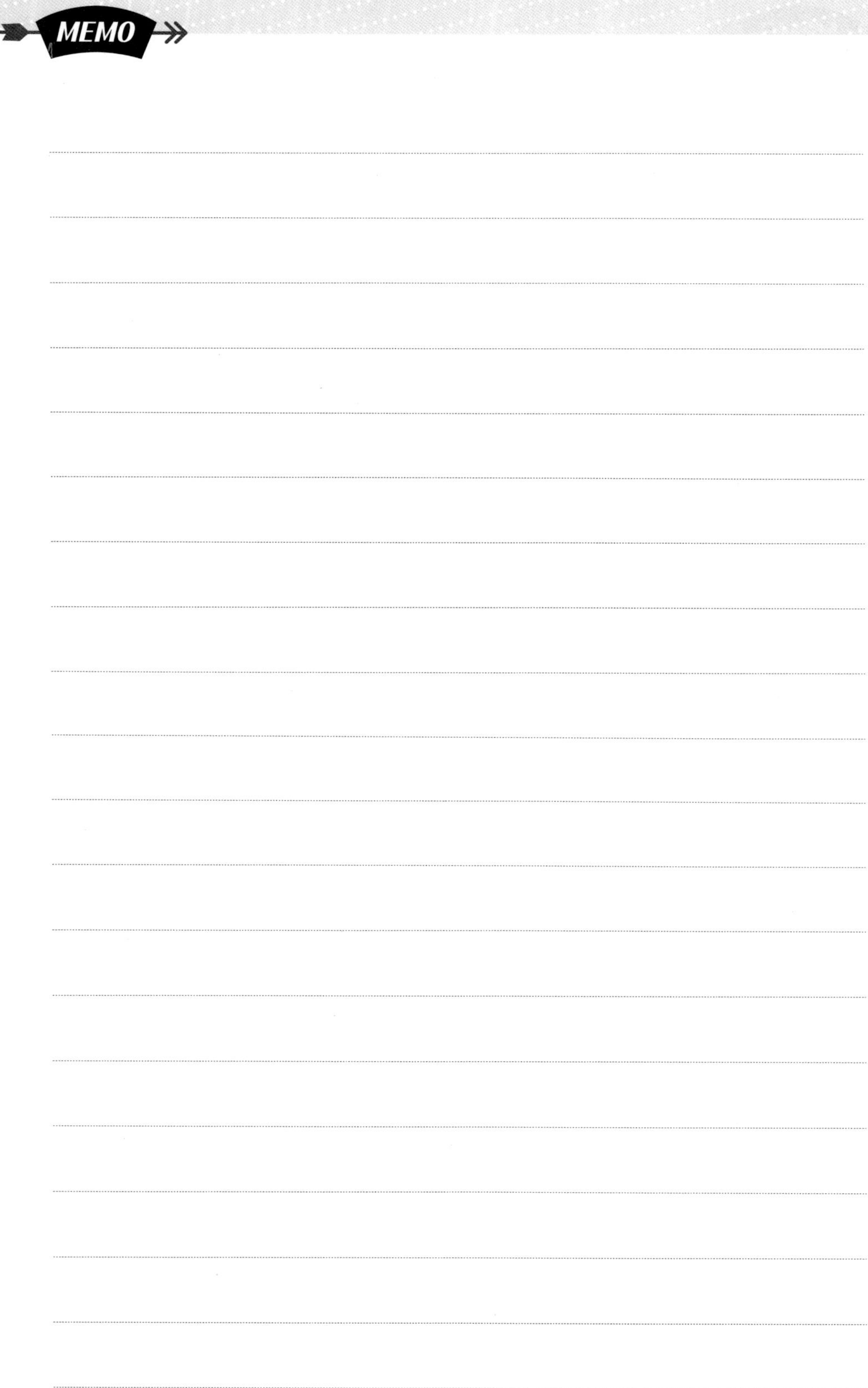

MEMO

연습 문제

1 다음 중 빈칸에 들어갈 알맞은 단어를 고르세요.

肯定　一定

❶ 我敢________他说的不是真的。

❷ 明天我________去参加你的生日晚会。

恐怕　怕

❸ 你最________什么？

❹ 明天我________不能跟你一起去。

看来　好像

❺ ________，他是个有钱人。

❻ 这个词我们________学过。

+词 cí 명 단어

2 빈칸에 알맞은 부사어를 써보세요.

❶ 他________地打了我一下儿。

❷ 他________地走了过去，________地坐下了。

❸ 他________地关好了窗户。

❹ 他________地笑了。

+笑 xiào 동 웃다

3 빈칸에 알맞은 단어를 쓴 후, 큰 소리로 읽어 보세요.

昨天我坐公共汽车去市中心。车上人很多，我在车门口站_____。有一个胖子站在我旁边。突_____，我觉得我的衣服口_____里好_____有一只手在拿东西。我看了一下儿胖子，胖子也看了我一下儿。我轻轻_____对他说："我的钱_____不在这个口_____里。这个口_____里_____有一个本子。"他听了以后，就走开了。

+胖子 pàngzi 명 뚱보 ｜ 走开 zǒukāi 동 떠나다, 비키다

중국인의 신앙

　　우리나라는 불교, 기독교, 천주교 등 100여 종에 이르는 종교가 있고, 50%가 넘는 사람들이 종교를 가지고 있다고 합니다.

　　그런데 중국 사람들을 만났을 때 종교를 물어본 적이 없는 것 같습니다. 왜일까요? 중국에는 유교, 도교 등 여러 가지 전통 사상이 있고, 돈황(敦煌 Dūnhuáng) 석굴이나 아미산의 낙산대불(乐山大佛 Lèshān Dàfó) 그리고 티베트의 달라이 라마 등이 연상되어서 막연하게 중국 사람들은 불교를 믿겠지 하고 생각할 수 있습니다.

낙산대불

　　하지만 중국인들 중에는 의외로 집에서 엄마 때문에 돼지고기를 먹지 못했다는 말을 하는 경우도 있고, 한국에서 닭고기와 쇠고기만 먹는 회교도를 만나는 경우도 있습니다. 이런 사람들은 대부분 중국의 소수 민족 중 하나인 회족인 경우가 많습니다. 회족의 인구는 약 1000만 정도로 닝샤 회족 자치구(宁夏回族自治区)에 거주합니다. 중국 신장에 있는 위구르 자치구(维吾尔自治区)에도 회교를 믿는 사람들이 많습니다. 한족화(汉化)되어 언어도 중국어를 쓰지만, 중국인 중에 이슬람교인이 있다는 것은 놀라운 일이죠.

　　요즘 중국에는 기독교를 믿는 사람들이 늘어나고 있습니다. 중국에 선교 활동을 가는 사람들도 많고 한국에서 교회를 다니는 중국인도 볼 수 있습니다. 중국의 공식 통계에 따르면 중국에서 기독교를 정식 종교로 인정하지 않지만 신도는 8000만 정도가 된다고 합니다.

중국의 교회

⭐ 좀 더 알아보세요!

중국에도 부처님 오신 날, 성탄절 등과 같은 기념일이 있는지 알아보세요.

9

我当了二十多年的交通警察。

나는 20여 년간 교통경찰을 했어요.

\회화/

교통수단 이용하기 / 직업에 대해 말하기

\어법/

어림수 표현법 / 시량사

- □□ 司机 sījī 몡 택시 기사
- □□ 来得及 láidejí 동 늦지 않다, (시간이 있어서) 손쓸 수가 있다
- □□ 来不及 láibují 동 늦다, (시간이 없어서) 손쓸 수가 없다
- □□ 还是 háishi 뷰 여전히, 아직도
- □□ 担心 dān xīn 동 염려하다, 걱정하다

  · 他父母对他很担心。그의 부모님은 그를 매우 걱정하신다. ｜ 我担心我们今天来不及做完。나는 우리가 오늘 제시간에 다 마치지 못할까 봐 걱정된다.

- □□ 开 kāi 동 운전하다, 조정하다

  · 开车 차를 운전하다

- □□ 放心 fàng xīn 동 마음을 놓다, 안심하다

  · 他父母对他很不放心。그의 부모님은 그한테 매우 마음을 놓지 못한다.

- □□ 堵车 dǔ chē 동 차가 막히다
- □□ 堵 dǔ 동 막다, 가로막다
- □□ 保证 bǎozhèng 동 보증하다, 책임지다
- □□ 辛苦 xīnkǔ 혱 고생스럽다, 힘들다, 고되다

  · 工作很辛苦。일이 매우 힘들다.

- □□ 一大早 yídàzǎo 몡 이른 새벽

  · 他一大早就起床了。 그는 이른 새벽에 일어났다.

- □□ 觉得 juéde 동 ~라고 생각하다, ~라고 여기다
- □□ 习惯 xíguàn 몡 습관, 버릇 동 습관이 되다, 익숙해지다

  · 一个好习惯 좋은 습관 한 가지 ｜ 我已经习惯了。나는 이미 습관이 됐다.

- □□ 农村 nóngcūn 몡 농촌
- □□ 当 dāng 동 맡다, ~이 되다

  · 当工人 노동자가 되다 ｜ 当农民 농민이 되다

□□ 农民 nóngmín 圀 농민

□□ 工厂 gōngchǎng 圀 공장

□□ 工人 gōngrén 圀 노동자

□□ 后来 hòulái 圀 그 후, 그 뒤

□□ 辞职 cí zhí 图 사직하다, 직장을 그만두다

□□ 二手车 èrshǒuchē 圀 중고차

□□ 看上去 kàn shàngqu 보아하니 ~하다

· 他只有三十岁，可是看上去很老。 그는 겨우 30세인데, 하지만 늙어 보인다.

□□ 原来 yuánlái 圀튀 원래, 본래 圀 원래의, 본래의

· 我原来的房子很小。 나의 원래 집은 아주 작았다. ┃ 他原来在北京工作，现在在上海工作。 그는 이전에
베이징에서 일했는데, 지금은 상하이에서 일한다.

□□ 旧 jiù 圀 헐다, 오래되다, 낡다

· 旧书 헌책 ┃ 旧自行车 낡은 자전거 ┃ 旧衣服 헌 옷

□□ 挣钱 zhèng qián 图 돈을 벌다

· 一个月挣多少钱? 한 달에 돈을 얼마나 벌어요?

□□ 找麻烦 zhǎo máfan (자신이나 남에게) 골칫거리를 만들다, 귀찮게 하다

□□ 麻烦 máfan 圀 골칫거리, 말썽 圀 번거롭다, 귀찮다 图 귀찮게 하다

· 有麻烦 번거로움이 있다 ┃ 很麻烦 매우 번거롭다 ┃ 麻烦你了! 당신을 귀찮게 했네요!

□□ 添麻烦 tiān máfan 폐를 끼치다, 성가시게 하다

· 对不起，给您添麻烦了! 당신께 불편함을 드려서 죄송합니다.

□□ 添 tiān 图 보태다, 더하다

□□ 流利 liúlì 圀 (말이나 문장이) 유창하다

辞职

挣钱

회화 01 택시를 탄 후

068

司机	去哪儿? Qù nǎr?
男	火车站。 Huǒchēzhàn.
司机	几点的火车? Jǐ diǎn de huǒchē?
男	11点35分。来得及吗? Shíyī diǎn sānshíwǔ fēn. Láidejí ma?
司机	还有半个多小时,来得及。 Hái yǒu bàn ge duō xiǎoshí, láidejí.
男	我还是有点儿担心。你能不能开得快点儿? Wǒ háishi yǒudiǎnr dān xīn. Nǐ néng bu néng kāi de kuài diǎnr?
司机	你放心吧。不堵车的话,保证一刻钟左右就到。 Nǐ fàng xīn ba. Bù dǔ chē dehuà, bǎozhèng yí kè zhōng zuǒyòu jiù dào.
男	谢谢。师傅,开出租车很辛苦吧? Xièxie. Shīfu, kāi chūzūchē hěn xīnkǔ ba?
司机	可不是[1]。每天一大早就出来,晚上十一二点才能回家。 Kěbushì. Měi tiān yídàzǎo jiù chūlai, wǎnshang shíyī-èr diǎn cái néng huí jiā.
男	每天开十几个小时,不觉得累吗? Měi tiān kāi shí jǐ ge xiǎoshí, bù juéde lèi ma?
司机	还好[2],习惯了。 Hái hǎo, xíguàn le.
男	生意好吗? Shēngyi hǎo ma?
司机	还可以。 Hái kěyǐ.

tip

1 '可不是'는 '그렇죠'라는 뜻으로, 다른 사람의 말에 찬성하거나 긍정할 때 쓴다.

2 '还好'는 '그럭저럭 괜찮다'는 뜻으로 주로 대답에 쓰인다.

男　师傅，您开了几年车了？
Shīfu, nín kāile jǐ nián chē le?

司机　开了快十年了。
Kāile kuài shí nián le.

男　开出租车以前您做什么工作？
Kāi chūzūchē yǐqián nín zuò shénme gōngzuò?

司机　我去过农村，当过农民；进过工厂，当过工人。
Wǒ qùguo nóngcūn, dāngguo nóngmín; jìnguo gōngchǎng, dāngguo gōngrén.

后来，我辞职了，去学开车，买了一辆二手车。
Hòulái, wǒ cí zhí le, qù xué kāi chē, mǎile yí liàng èrshǒuchē.

男　这车看上去还很新。
Zhè chē kàn shàngqu hái hěn xīn.

司机　这是第二辆了，原来的那辆旧车坏了。
Zhè shì dì-èr liàng le, yuánlái de nà liàng jiù chē huài le.

这些年，我挣了一些钱，就买了这辆新车。
Zhèxiē nián, wǒ zhèngle yìxiē qián, jiù mǎile zhè liàng xīn chē.

男　警察常常找你们的麻烦吗？
Jǐngchá chángcháng zhǎo nǐmen de máfan ma?

司机　哪里 3，我常常给他们添麻烦。
Nǎlǐ, wǒ chángcháng gěi tāmen tiān máfan.

tip

3　'哪里'는 '천만에요', '별말씀을요'라는 뜻으로 상대방의 칭찬에 대한 겸손의 표현으로 쓰인다. 여기서는 '아니에요'라는 의미로 쓰였다.

司机	你汉语说得很流利。 Nǐ Hànyǔ shuō de hěn liúlì.
男	哪里哪里。 Nǎlǐ nǎlǐ.
司机	学了多长时间的汉语了？ Xuéle duōcháng shíjiān de Hànyǔ le?
男	差不多半年了。 Chàbuduō bànnián le.
司机	才学了半年，就说得这么好，不容易！ Cái xuéle bànnián, jiù shuō de zhème hǎo, bù róngyi!
男	我来这儿以前，学过一点儿汉语。 Wǒ lái zhèr yǐqián, xuéguo yìdiǎnr Hànyǔ.
司机	来这儿以前，你做什么工作？ Lái zhèr yǐqián, nǐ zuò shénme gōngzuò?
男	来这儿以前，我是个警察。 Lái zhèr yǐqián, wǒ shì ge jǐngchá.
司机	什么警察？ Shénme jǐngchá?
男	交通警察。我当了二十多年的交通警察。 Jiāotōng jǐngchá. Wǒ dāngle èrshí duō nián de jiāotōng jǐngchá.

1 어림수 표현법

대략적인 숫자를 나타내는 주요 표현법은 다음과 같다.

❶ '几'는 1에서 9까지의 불특정한 숫자를 대신하여 나타낸다.

房间里只有几个人。
房间里有十几个人。
房间里有几十个人。

❷ '多'는 '그 수를 초과함'을 나타낸다.

房间里有十多个人。
我当了二十多年的老师了。

❸ 인접한 두 개의 숫자를 연이어 사용한다.

房间里有三四个人。
房间里有十三四个人。
房间里有三四十个人。

❹ '左右', '差不多', '快…了' 표현을 사용한다.

房间里有三十个人左右。
我来中国差不多一年了。
我来中国快一年了。

✔ **확인 체크**　제시된 숫자를 보고 어림수 표현으로 문장을 완성하세요.

❶ 那位老师看上去＿＿＿＿＿＿＿。 [38~42岁]

❷ 那个大教室可以坐得下＿＿＿＿＿＿。 [200~300人]

❸ 他一个月挣＿＿＿＿＿＿。 [7100块钱]

❹ 他很能喝啤酒，每次一般都能喝＿＿＿＿＿＿。 [11~19瓶]

❶ 동작이 지속된 시간을 나타내는 표현을 시량사라고 한다.

三分钟　　一个半小时　　两个星期　　六个月　　四年

＊시량사의 형식

동사 + 시량사 + 명사

我们每天工作八个小时。
我们每天上四个小时(的)课。
我学过半年汉语。
我学了半年汉语了。

❷ 목적어가 대사일 경우, 시량사는 일반적으로 대사 뒤에 위치한다.

동사 + 대사 + 시량사

我们等了他半天。

✔ **확인 체크**　　다음 시간사를 적당한 위치에 넣으세요.

❶ 他来过。[去年]

❷ 他买了一辆新车。[上个月]

❸ 我们到机场。[十五分钟以后]

❹ 我们大概还要等。[一个小时]

❺ 他已经学了汉语了。[半年]

❻ 我每天看电视。[一个小时]

❼ 我来这儿了。[三个星期]

❽ 你搬到这个公寓了？[多长时间]

❾ 我大学毕业了。[三年]

＋搬 bān 통 옮기다, 이사하다 ┃ 公寓 gōngyù 명 아파트

본문

071

坐出租车的时候， 我喜欢跟出租车司机聊天儿。 这是练习
Zuò chūzūchē de shíhou, wǒ xǐhuan gēn chūzūchē sījī liáo tiānr. Zhè shì liànxí

汉语的好机会， 也是了解普通中国人的好机会。 出租车司机的
Hànyǔ de hǎo jīhuì, yě shì liǎojiě pǔtōng Zhōngguó rén de hǎo jīhuì. Chūzūchē sījī de

工作很辛苦， 无论春夏秋冬， 无论刮风下雨， 每天都要开十几
gōngzuò hěn xīnkǔ, wúlùn chūn xià qiū dōng, wúlùn guā fēng xià yǔ, měi tiān dōu yào kāi shí jǐ

个小时的车。 但是我感到， 他们大多很喜欢自己的工作， 他们
ge xiǎoshí de chē. Dànshì wǒ gǎndào, tāmen dàduō hěn xǐhuan zìjǐ de gōngzuò, tāmen

的工作也都很努力。
de gōngzuò yě dōu hěn nǔlì.

072

□□ 练习 liànxí 통 연습하다	□□ 无论 wúlùn 접 ~을 막론하고
□□ 机会 jīhuì 명 기회	□□ 感到 gǎndào 통 느끼다, 여기다
□□ 了解 liǎojiě 통 이해하다, 알다	□□ 大多 dàduō 부 대부분, 대다수
□□ 普通 pǔtōng 형 평범하다, 보통이다	

1 녹음을 듣고 빈칸을 채우세요.

2 대화에 표시된 부분(○)을 녹음에서 제시한 단어로 교체 연습을 해보세요.

1 073

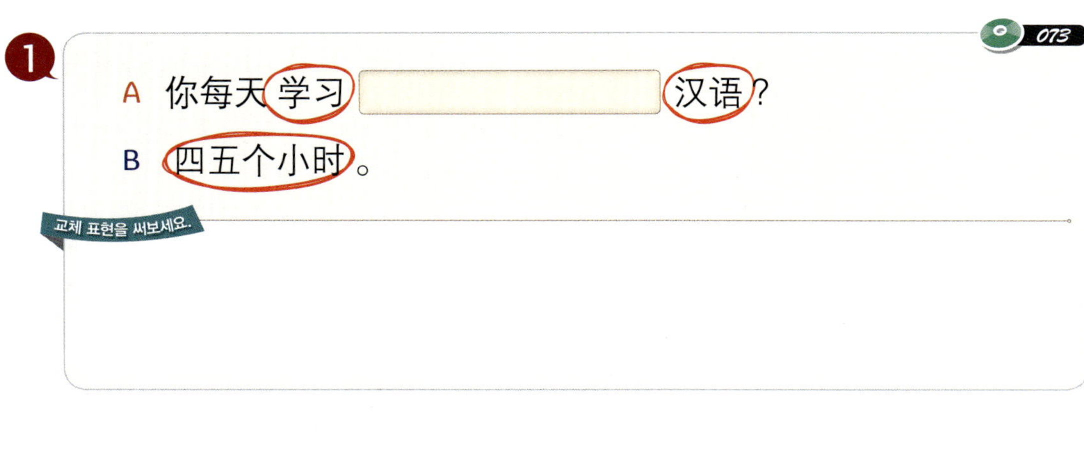

2 074

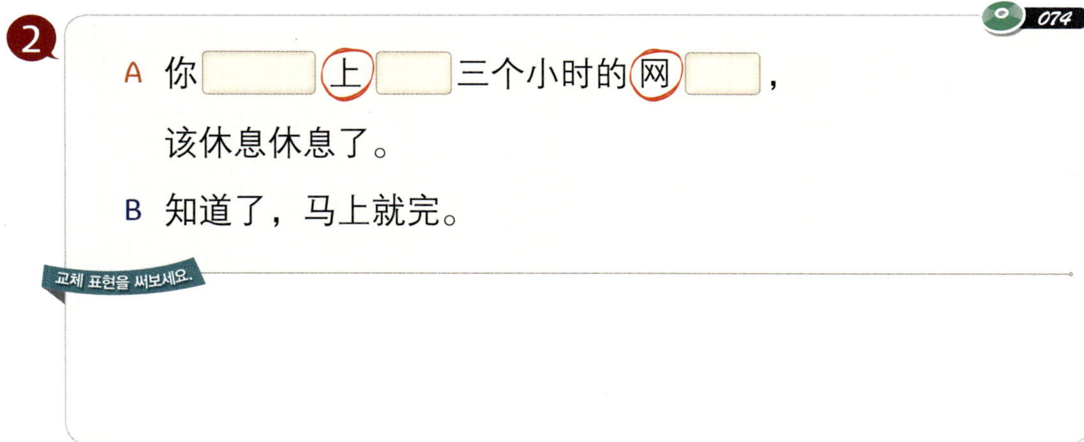

1 다음 중 빈칸에 들어갈 알맞은 단어를 고르세요.

| 堵　都 |

❶ 上下班的时候，路上非常＿＿＿＿＿。

❷ 我们＿＿＿＿＿是留学生。

| 挣　净 |

❸ 他的家里非常干＿＿＿＿＿。

❹ 你一个月＿＿＿＿＿多少钱？

2 제시된 단어를 배열하여 문장을 완성하세요.

❶ 我 / 学 / 了 / 了 / 汉语 / 两 / 年

→ ＿＿＿＿＿＿＿＿＿＿＿＿＿＿＿＿＿＿＿＿

❷ 我 / 老师 / 中学 / 当 / 五 / 年 / 过

*中学 zhōngxué 몡 중·고등학교

→ ＿＿＿＿＿＿＿＿＿＿＿＿＿＿＿＿＿＿＿＿

❸ 我们 / 等 / 他 / 了 / 很 / 长 / 时间

→ ＿＿＿＿＿＿＿＿＿＿＿＿＿＿＿＿＿＿＿＿

❹ 我们 / 上 / 班 / 八 / 个 / 小时 / 每 / 天

→ ＿＿＿＿＿＿＿＿＿＿＿＿＿＿＿＿＿＿＿＿

3 빈칸에 알맞은 단어를 쓴 후, 큰 소리로 읽어 보세요.

　　下课以后，我打了一＿＿＿出租车去机场接朋友。因为是上下班时间，路上很＿＿＿。我担心来不＿＿＿，所以让司机开＿＿＿快一点儿。可是司机说，不能太快，开得太快会有麻＿＿＿的。因为有规定，不可以超过每小时八十公里。路上有电子警察拍照，如果超过的话，会罚款的。

*超过 chāoguò 동 넘다, 초과하다 | 公里 gōnglǐ 몡 킬로미터(km) | 电子 diànzǐ 몡 전자

师父? 师傅?

어릴 때는 이름을 주로 부르지만, 나이가 들수록 이름보다는 성씨를 부르거나 직함을 부르는 경우가 많아지고, 상황과 장소에 따라서 부르는 호칭도 달라집니다.

중국은 부부 사이에도 이름을 부르는 경우가 많습니다. 그리고 중국인들은 상대방을 친근감 있게 부를 때 나이가 많은 사람에게는 성 앞에 老를 붙이고, 나이가 어린 사람에게는 성 앞에 小를 붙입니다. 이름이 외자일 경우에는 冬冬, 丽丽처럼 이름을 중복해서 부르는 경우도 많습니다.

그런데 중국인들이 부르는 호칭에는 가끔 어떤 상황에서 쓰는지 헷갈리는 표현이 있습니다. 예전에는 중국어 교재에서 同志(tóngzhì 동지)라는 표현을 많이 볼 수 있었는데요, 요즘에는 잘 쓰지 않고 师傅를 씁니다. 우리는 소림사를 배경으로 한 중국 영화를 많이 봐서인지 글자는 다르지만 师父라는 표현이 익숙한데요, 이 표현은 제자를 거느린 사부님을 지칭합니다.

중국에서는 요리사가 그려져 있는 브랜드 '康师傅'를 생활 속에서 자주 접할 수 있어, 师傅라는 호칭이 친숙하게 느껴지는데요, 师傅는 공장, 상점, 예술 관련 분야에서 숙련된 사람이나 장인을 지칭하는 표현입니다. 또 운전기사를 부를 때도 司机라고 부르지 않고, 师傅라고 부릅니다. 심지어 지나가는 행인을 부를 때도 남녀 구분 없이 师傅라고 부르기도 한답니다.

중국의 브랜드 康师傅

숙련공을 부를 때 쓰는 호칭 师傅

⭐ 좀 더 알아보세요!

인터넷상에서 MM, 美女는 무엇을 지칭하는지 알아보세요.

我能不生气吗?

제가 어떻게 화가 나지 않겠어요?

\회화/
환불하기

\어법/
동량보어 / 동사 + 在, 给, 到 / 반어문

□□ 营业员 yíngyèyuán 뗑 점원, 판매원

□□ 退 tuì 뙝 (구매한 물건 등을) 반환하다, 무르다

□□ 货 huò 뗑 물건

· 退货 반품하다

□□ 毛衣 máoyī 뗑 스웨터

· 一件毛衣 스웨터 하나

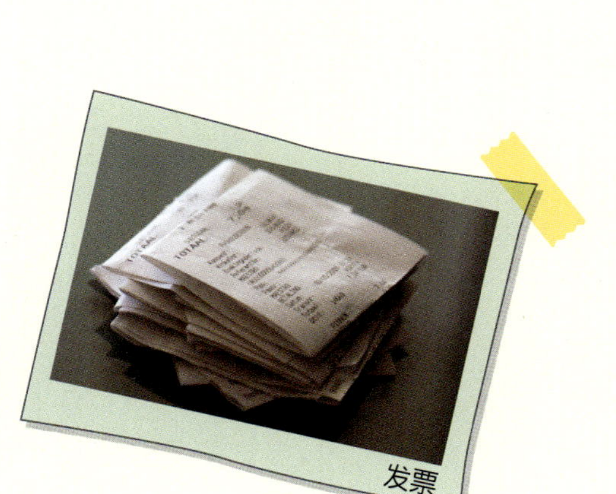
毛衣

□□ 另外 lìngwài 뙘 이 외에, 이 밖에

· 他喜欢打球，另外，还喜欢游泳。 그는 공 치는 것을 좋아한다. 이 외에, 또 수영을 좋아한다.

□□ 颜色 yánsè 뗑 색, 색깔

□□ 试 shì 뙝 시도하다, 시험해 보다

· 我来试一下儿。 내가 한 번 시도해 볼게.

□□ 礼物 lǐwù 뗑 선물

· 一件礼物 선물 하나

□□ 带 dài 뙝 (몸에) 지니다, 가지다

· 带来 가져오다 | 带去 가져가다

□□ 发票 fāpiào 뗑 영수증

□□ 盖 gài 뙝 (도장을) 찍다, 날인하다

□□ 图章 túzhāng 뗑 도장

· 盖一个图章 도장을 찍다

发票

□□ 没错儿 méi cuòr 틀림없다, 맞다

□□ 绿 lǜ 뗺 푸르다

· 绿色 녹색 | 绿衣服 녹색 옷 | 绿的 녹색의

□□ 黄 huáng 뗺 노랗다

· 黄色 노란색 | 黄衣服 노란색 옷 | 黄的 노란색의

□□ 红 hóng 뗺 빨갛다

· 红色 빨간색 | 红衣服 빨간색 옷 | 红的 빨간색의

□□ 蓝 lán ⑧ 남빛의, 남색의

· 蓝色 남색, 파랑 | 蓝衣服 남색 옷 | 蓝的 남색의

□□ 岂有此理 qǐ yǒu cǐ lǐ ⑳ 어찌 이럴 수가 있단 말인가?, 이런 경우가 어디 있단 말인가?

□□ 生气 shēng qì ⑧ 화내다, 성내다

· 很生气 매우 화나다 | 你在生谁的气? 너는 누구 때문에 화가 나는 거니?

□□ 合适 héshì ⑧ 적합하다, 알맞다

□□ 质量 zhìliàng ⑨ 품질

□□ 服务 fúwù ⑨ 서비스 ⑧ 봉사하다, 서비스하다

□□ 态度 tàidu ⑨ 태도

· 服务态度 서비스 태도 | 学习态度 학습 태도 | 工作态度 업무 태도

□□ 差 chà ⑧ 나쁘다, 모자라다, 좋지 않다

· 质量很差 질이 매우 나쁘다 | 态度很差 태도가 매우 좋지 않다 | 成绩很差 성적이 매우 나쁘다

□□ 要求 yāoqiú ⑨⑧ 요구(하다)

· 你有什么要求? 당신은 어떤 요구 사항이 있나요? | 我要求换个房间。 나는 방을 바꿔 달라고 요구한다.

□□ 过分 guòfèn ⑧ 지나치다, 과분하다

· 过分的要求 지나친 요구

□□ 经理 jīnglǐ ⑨ 경영 관리 책임자, 매니저

★중국어★ 패션 단어

帽子 màozi
모자

衬衫 chènshān
셔츠, 블라우스

领带 lǐngdài
넥타이

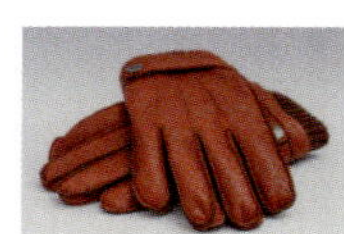

手套 shǒutào
장갑

袜子 wàzi
양말

회화 01   메리가 옷을 환불하러 간다   🎧 076

营业员 小姐，您想买什么？
Xiǎojiě, nín xiǎng mǎi shénme?

玛丽 我不想买什么。我要退货。
Mǎlì
Wǒ bù xiǎng mǎi shénme. Wǒ yào tuì huò.

营业员 怎么了？
Zěnme le?

玛丽 我有一件毛衣，是在你们这儿买的，有点儿小，
Wǒ yǒu yí jiàn máoyī, shì zài nǐmen zhèr mǎi de, yǒudiǎnr xiǎo,

另外，我不太喜欢这种颜色。我要退货。
lìngwài, wǒ bú tài xǐhuan zhè zhǒng yánsè. Wǒ yào tuì huò.

营业员 买了多长时间了？
Mǎile duō cháng shíjiān le?

玛丽 不到一个星期。[1]
Bú dào yí ge xīngqī.

营业员 您买的时候没有试一下儿吗？
Nín mǎi de shíhou méiyǒu shì yíxiàr ma?

玛丽 是我朋友买的，这是他送给我的生日礼物。
Shì wǒ péngyou mǎi de, zhè shì tā sònggěi wǒ de shēngrì lǐwù.

---

tip

1   '不到一个星期'는 '일주일이 채 안 되어서'라는 뜻이다.

营业员　您带发票了吗？
Nín dài fāpiào le ma?

玛丽　带了。
Dài le.

营业员　请给我看看。
Qǐng gěi wǒ kànkan.

玛丽　行。你看，上面有你们商店盖的图章。
Xíng.　Nǐ kàn,　shàngmiàn yǒu nǐmen shāngdiàn gài de túzhāng.

营业员　没错儿，是在我们这儿买的。毛衣没穿过吧？
Méi cuòr,　shì zài wǒmen zhèr mǎi de.　Máoyī méi chuānguo ba?

玛丽　不，穿过两次。
Bù,　chuānguo liǎng cì.

营业员　对不起。这件毛衣不能退。
Duìbuqǐ.　Zhè jiàn máoyī bù néng tuì.

玛丽　那么，给我换一件，我不喜欢绿的，
Nàme,　gěi wǒ huàn yí jiàn,　wǒ bù xǐhuan lǜ de,

给我一件黄的或者红的。
gěi wǒ yí jiàn huáng de huòzhě hóng de.

营业员　对不起……
Duìbuqǐ……

玛丽　蓝的也行。
Lán de yě xíng.

营业员　对不起，穿过的衣服不能退换，
Duìbuqǐ,　chuānguo de yīfu bù néng tuìhuàn,

这是我们商店的规定。
zhè shì wǒmen shāngdiàn de guīdìng.

| 玛丽 | 岂有此理！[2] |
| | Qǐ yǒu cǐ lǐ! |

| 营业员 | 您别生气呀。 |
| | Nín bié shēng qì ya. |

| 玛丽 | 我能不生气吗？ |
| | Wǒ néng bù shēng qì ma? |

---

tip

2　'岂有此理'는 '어찌 이럴 수가 있단 말인가?'라는 의미로, 언행이 이치에
　맞지 않을 때 쓰는 표현이다.

玛丽
我买的衣服不合适，怎么不能退换？
Wǒ mǎi de yīfu bù héshì, zěnme bù néng tuìhuàn?

营业员
如果我们卖出的衣服有质量问题，当然可以退换。
Rúguǒ wǒmen màichū de yīfu yǒu zhìliàng wèntí, dāngrán kěyǐ tuìhuàn.

但是，……
Dànshì, ……

玛丽
我朋友买的时候，你们不是告诉他可以退换吗？
Wǒ péngyou mǎi de shíhou, nǐmen bú shì gàosu tā kěyǐ tuìhuàn ma?

营业员
但是，这件毛衣您已经穿过两次了。
Dànshì, zhè jiàn máoyī nín yǐjīng chuānguo liǎng cì le.

玛丽
你们的服务态度太差了！
Nǐmen de fúwù tàidu tài chà le!

营业员
您说得不对。是我们的服务态度不好，
Nín shuō de bú duì. Shì wǒmen de fúwù tàidu bù hǎo,

还是您的要求太过分了？
háishi nín de yāoqiú tài guòfèn le?

玛丽
我要见你们经理！
Wǒ yào jiàn nǐmen jīnglǐ!

营业员
请吧。
Qǐng ba.

1 동량보어

❶ 수사 뒤에 동량사 '下儿', '次', '遍' 등이 더해진 것으로, 동작의 횟수를 나타낸다.

一下儿　　两次　　三遍

*동량보어의 형식

동사 + 동량보어 + 명사

我们休息一下儿。
请再说一遍。
我们每星期见一次面。
我给她打过两次电话。

❷ 목적어가 대사일 경우, 동량보어는 일반적으로 대사 뒤에 위치한다.

동사 + 대사 + 동량보어

我们见过他几次。

✔ **확인 체크**　　빈칸에 '遍', '次', '下儿'을 넣어 문장을 완성하세요.

❶ 这本书我看了三________了，没有一________看完过。

❷ 我太喜欢这本书了，先后看过三________，书里的内容我都记住了。

❸ 我们见过几________面，不过互相不太熟。

❹ 对不起，我去一________洗手间。

＊互相 hùxiāng 𝌆 서로 ｜ 熟 shú 형 익숙하다, 잘 알다 ｜ 洗手间 xǐshǒujiān 명 화장실

동사 + 在/给/到

동사 뒤에 '在', '给', '到'가 올 경우, 뒤에 반드시 목적어가 와야 한다.

동사 + 在 + 장소

盘子都放在桌子上。
我的雨衣放在哪儿了？

동사 + 给 + 사람

这些花儿送给谁？
他借给我一台电脑。

동사 + 到 + 장소/시간

他们家去年搬到北京去了。
昨天晚上我们聊天儿聊到半夜。

✔ 확인 체크　빈칸에 '在', '给', '到'를 넣어 문장을 완성하세요.

❶ 请打开书，翻______第56页。

❷ 他发______我很多电子邮件。

❸ 箱子就放______门后面，你没看见吗？

❹ 钱包不要放______后边的口袋里。

❺ 他送______我两张京剧票。

*翻 fān 통 (책을) 펴다, 펼치다 ｜ 页 yè 양 쪽, 페이지 ｜ 发 fā 통 보내다, 발송하다
电子邮件 diànzǐ yóujiàn 명 이메일 ｜ 箱子 xiāngzi 명 상자

반어문은 형식은 의문문이지만, 의문을 나타내는 것이 아니라 강조를 나타낸다.

我买的衣服不合适，怎么不能退？ ● 我买的衣服不合适，当然应该能退。
你们不是告诉他可以退货吗？ ● 你们告诉过他可以退货。
我能不生气吗？ ● 我当然生气了。

✔ 확인 체크   다음 반어문을 평서문으로 고치세요.

❶ 我不是已经告诉你了吗？   → ________________________________

❷ 他考试怎么可能及格？   → ________________________________

❸ 我的房间，我怎么不能进去？   → ________________________________

❹ 我有发票，怎么不能退货？   → ________________________________

❺ 你不是他最好的朋友吗? 怎么不知道？   → ________________________________

❻ 那个人不是王老师吗？   → ________________________________

⁺及格 jígé 통 합격하다

본문

079

我有一件绿毛衣，是上星期五我过生日的时候我朋友送我
Wǒ yǒu yí jiàn lù máoyī, shì shàng xīngqīwǔ wǒ guò shēngrì de shíhou wǒ péngyou sòng wǒ

的，我穿了两次，觉得有点儿小，颜色也不太好看，就去商店
de, wǒ chuānle liǎng cì, juéde yǒudiǎnr xiǎo, yánsè yě bú tài hǎokàn, jiù qù shāngdiàn

要求退货或者换一件。没想到，商店不肯退换，理由是这件毛衣
yāoqiú tuì huò huòzhě huàn yí jiàn. Méi xiǎngdào, shāngdiàn bù kěn tuìhuàn, lǐyóu shì zhè jiàn máoyī

已经穿过了。可是，这件毛衣我一共只穿了几个小时，还跟新
yǐjīng chuānguo le. Kěshì, zhè jiàn máoyī wǒ yígòng zhǐ chuānle jǐ ge xiǎoshí, hái gēn xīn

的一样。如果我不告诉他们，他们哪儿知道我穿过？你说我能
de yíyàng. Rúguǒ wǒ bú gàosu tāmen, tāmen nǎr zhīdao wǒ chuānguo? Nǐ shuō wǒ néng

不生气吗？
bù shēng qì ma?

080

□□ 肯 kěn 조통 기꺼이 ~하다	□□ 理由 lǐyóu 명 이유

1 녹음을 듣고 빈칸을 채우세요.

2 대화에 표시된 부분(○)을 녹음에서 제시한 단어로 교체 연습을 해보세요.

1 ⊙ 081

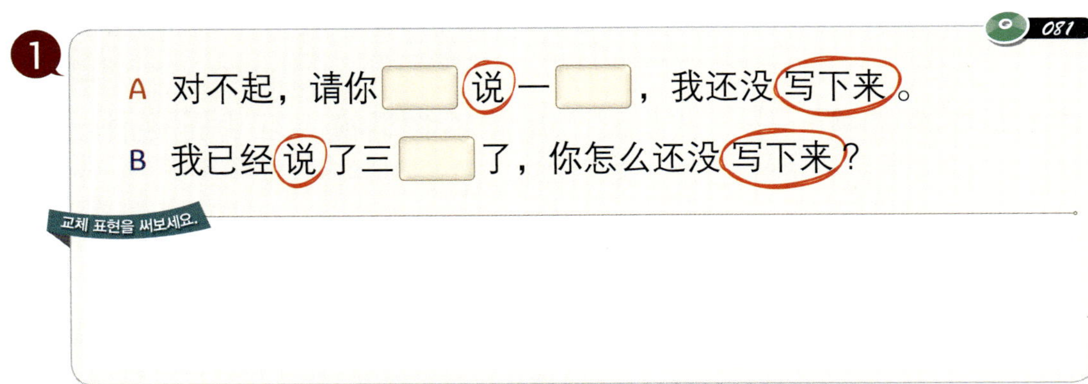

2 ⊙ 082

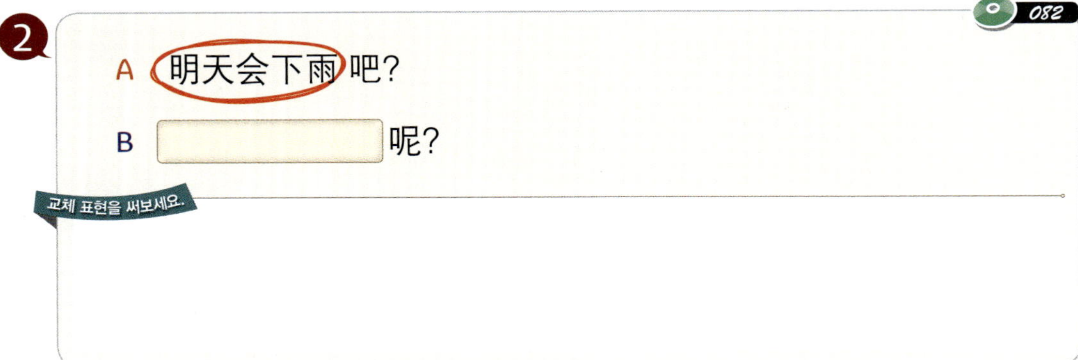

3 ⊙ 083

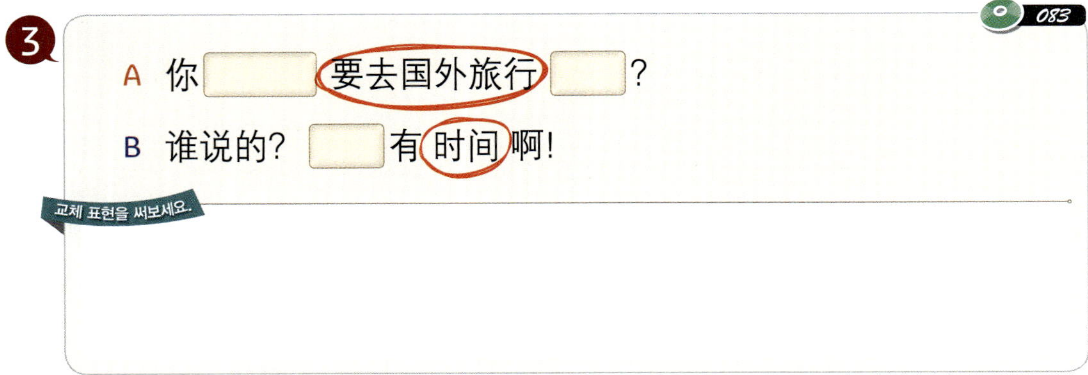

연습 문제

1 빈칸에 들어갈 알맞은 단어를 보기 에서 고르세요.

> 보기 │ 风景　质量　图章　麻烦　钥匙

❶ 真不好意思，给您添_______了!

❷ 这些毛衣是便宜，可是_______太差，我不想买。

❸ 这不是我们公司开出的发票，因为上面没有盖我们公司的_______。

❹ 那儿的_______非常美，你真应该去看看。

⁺**风景** fēngjǐng 몡 풍경, 경치

2 제시된 단어를 배열하여 문장을 완성하세요.

❶ 两次 / 毛衣 / 我 / 过 / 穿 / 这件

→ ____

❷ 礼物 / 我朋友 / 我 / 是 / 送 / 这 / 给 / 的

→ ____

❸ 要求 / 说 / 我 / 服务员 / 的 / 过分 / 太

→ ____

❹ 退换 / 质量 / 衣服 / 有 / 的 / 可以 / 问题

→ ____

3 빈칸에 알맞은 단어를 쓴 후, 큰 소리로 읽어 보세요.

> 　　下个星期是我男朋友的生日，我想买件礼_____送给他。昨天我去_____店看了看，觉得有件毛衣不错。这件毛衣是蓝_____的，很漂亮。我不知道大小是不是_____适。_____业员告诉我，如果不合适的话，可以带发_____来换。我听了以后很放心。这里的服_____态度很好。

⁺**大小** dàxiǎo 몡 크기, 사이즈

중국의 서비스 세계

중국의 기존 산업이 이미 어느 정도 발전 단계에 이르렀기에 앞으로 다양한 분야의 서비스 산업이 떠오르는 샛별이 될 것으로 예상됩니다.

그렇다면 중국의 서비스 수준은 어떤가요?

海底捞(Hǎidǐlāo)는 중국에서 유명한 훠궈(火锅 huǒguō 중국식 샤브샤브) 전문점인데요, 훠궈는 중국인에게 워낙 친숙한 메뉴이기도 하지만, 이 음식점은 대단한 인기를 끌고 있다고 합니다. 海底捞는 1994년에 개업하였고 10년 동안 60개 체인점을 열었는데요, 특별한 메뉴가 있는 것도 아닌데

서비스로 성공한 海底捞

이렇게 인기를 끌게 된 이유는 바로 직원들의 친절한 서비스 태도 덕분이라고 합니다. 가족적인 분위기를 중시하며 연인, 가족, 회사 동료 등 손님이 달라지면 요구 사항이 다르기 때문에 고객을 감동시키는 방법도 달라야 한다고 생각하여, 아이들에게 고무줄을 주면서 음식 먹을 때 불편하지 않게 머리를 묶게 하거나 변검 공연도 보여 주고, 여성 고객을 위해 네일 아트를 해주거나 또 아픈 환자가 있으면 그들을 배려한 별도의 음식도 대접하는 등 다양한 서비스를 제공하고 있습니다.

이처럼 중국의 서비스 수준은 한걸음 앞으로 나아가고 있으며 고객을 왕으로 모시기 위해서(顾客至上 gùkè zhì shàng) 은행, 병원, 음식점, 호텔, 백화점 등 여러 서비스 업종에서 변화의 바람이 일고 있습니다.

왕푸징의 소방 서비스 센터

❂ 좀 더 알아보세요!

중국의 온라인 쇼핑몰에 대해 조사해 보세요.

11

里面的家具件件都是新的。

안에 있는 가구는 하나하나 모두 새것이에요.

\회화/

집 구하기

\어법/

양사 중첩 / 是不是 의문문 / 형용사 + 了 + (一)点儿

□□ **租** zū 통 세내다, 빌리다

· **租**一个房间 방을 하나 세내다

□□ **公寓** gōngyù 명 아파트

□□ **中介** zhōngjiè 명통 중개(하다)

· **中介**公司 중개 회사

□□ **两室一厅** liǎng shì yì tīng 방 두 개에 거실 하나

□□ **卧室** wòshì 명 침실

□□ **客厅** kètīng 명 거실, 응접실

客厅

□□ **电视** diànshì 명 텔레비전

· 看**电视** 텔레비전을 보다

□□ **空调** kōngtiáo 명 에어컨

□□ …**什么的** …shénmede 대 ~등, ~같은 것[나열하는 말 끝에 쓰임]

· 电视机、空调**什么的** TV, 에어컨 등

□□ **样** yàng 양 종류, 형태

· 一**样**东西 한 종류의 물건 ㅣ **样样**都有 종류별로 모두 있다

□□ **房东** fángdōng 명 집주인

□□ **费** fèi 명 비용, 요금

□□ **中介费** zhōngjiè fèi 중개 수수료

□□ **水电费** shuǐ diàn fèi 수도 전기 요금

□□ **水费** shuǐ fèi 수도 요금

□□ **电费** diàn fèi 전기 요금

□□ **付** fù 통 돈을 지급하다, 돈을 지불하다

· **付**钱 돈을 지불하다

□□ **电梯** diàntī 명 엘리베이터

· 坐**电梯**上去 엘리베이터를 타고 올라가다

□□ **爬** pá 통 오르다, 기어오르다

· 爬山 등산하다

☐☐ …死了 …sǐ le ~해 죽겠다, 극도로 ~하다

· 累死了! 피곤해 죽겠어! | 累死我了! 나는 피곤해 죽겠어! | 忙死了! 바빠 죽겠어! | 忙死我了! 나는 바빠서
죽겠어!

☐☐ 死 sǐ 图 죽다

☐☐ 锻炼 duànliàn 图 (몸을) 단련하다

· 锻炼身体 몸을 단련하다

☐☐ 厨房 chúfáng 图 부엌

☐☐ 卫生间 wèishēngjiān 图 화장실

☐☐ 家具 jiājù 图 가구

· 一件家具 가구 한 점

☐☐ 电器 diànqì 图 전기 기구, 가전제품

☐☐ 冰箱 bīngxiāng 图 냉장고

☐☐ 洗衣机 xǐyījī 图 세탁기

☐☐ 各种 gè zhǒng 각종의

☐☐ 种 zhǒng 啓 종류, 가지

☐☐ 洗澡 xǐ zǎo 图 목욕하다

· 洗一个冷水澡 찬물로 목욕하다

☐☐ 热水器 rèshuǐqì 图 온수기

☐☐ 租金 zūjīn 图 임대료

· 这个公寓的租金是3000块。 이 아파트의 임대료는 3000위안이다.

☐☐ 包括 bāokuò 图 포함하다, 포괄하다

☐☐ 押金 yājīn 图 보증금, 선금

☐☐ 合同 hétong 图 계약

☐☐ 考虑 kǎolù 图 고려하다, 생각하다

☐☐ 决定 juédìng 图图 결정(하다)

锻炼

厨房

회화 **01** 부동산 중개소를 찾아간다　　　085

林娜　我们想租一个公寓。
Wǒmen xiǎng zū yí ge gōngyù.

中介　你们想租多大的公寓？
Nǐmen xiǎng zū duō dà de gōngyù?

林娜　两室一厅的。
Liǎng shì yì tīng de.

中介　有。你看，这些都是两室一厅的。
Yǒu.　Nǐ kàn,　zhèxiē dōu shì liǎng shì yì tīng de.

田中　是不是就在附近？
Shì bu shì jiù zài fùjìn?

中介　对，走过去只要十几分钟。
Duì,　zǒu guòqu zhǐ yào shí jǐ fēnzhōng.

田中　电视、空调什么的，都有吗？
Diànshì、kōngtiáo shénmede,　dōu yǒu ma?

中介　你放心，样样都有。
Nǐ fàng xīn,　yàngyàng dōu yǒu.

林娜　能不能去看一下儿？
Néng bu néng qù kàn yíxiàr?

中介　我给房东打个电话问问。
Wǒ gěi fángdōng dǎ ge diànhuà wènwen.

……

中介　行，走吧。
Xíng,　zǒu ba.

田中　中介费多少？
Zhōngjiè fèi duōshao?

中介	如果你们对公寓满意的话，付中介费500块。

Rúguǒ nǐmen duì gōngyù mǎnyì dehuà, fù zhōngjiè fèi wǔbǎi kuài.

林娜　怎么，没有电梯？
Zěnme, méiyǒu diàntī?

中介　没有，得走上去。
Méiyǒu, děi zǒu shàngqu.

田中　天天这样爬上爬下，累死人了。
Tiāntiān zhèyàng pá shàng pá xià, lèi sǐ rén le.

中介　没关系，可以锻炼身体呀。
Méi guānxi, kěyǐ duànliàn shēntǐ ya.

……

中介　请进吧。
Qǐng jìn ba.

林娜　厨房和卫生间好像小了点儿。
Chúfáng hé wèishēngjiān hǎoxiàng xiǎole diǎnr.

中介　厨房和卫生间是小了点儿[1]，可是卧室很大。
Chúfáng hé wèishēngjiān shì xiǎole diǎnr, kěshì wòshì hěn dà.

你看，里面的家具件件都是新的。
Nǐ kàn, lǐmiàn de jiājù jiànjiàn dōu shì xīn de.

田中　电器是不是都有？
Diànqì shì bu shì dōu yǒu?

tip
1　여기서 '是'는 인정이나 확인을 나타낸다.

中介　都有。你看，空调、电视、冰箱、洗衣机，
Dōu yǒu. Nǐ kàn, kōngtiáo、 diànshì、 bīngxiāng、 xǐyījī,

各种电器都有。
gè zhǒng diànqì dōu yǒu.

田中　洗澡方便不方便？
Xǐ zǎo fāngbiàn bu fāngbiàn?

中介　很方便。你看，有热水器。
Hěn fāngbiàn. Nǐ kàn, yǒu rèshuǐqì.

회화 03 계약 조건을 물어본다　087

田中　一个月租金多少？
Yí ge yuè zūjīn duōshao?

中介　三千块。不包括水电费。
Sānqiān kuài. Bù bāokuò shuǐ diàn fèi.

林娜　租金贵了一点儿。另外，是不是要付押金？
Zūjīn guìle yìdiǎnr. Lìngwài, shì bu shì yào fù yājīn?

中介　付三千块押金。这是合同。
Fù sānqiān kuài yājīn. Zhè shì hétong.

田中　我们回去考虑考虑。
Wǒmen huíqu kǎolǜ kǎolǜ.

林娜　这合同我们是不是可以带回去看看？
Zhè hétong wǒmen shì bu shì kěyǐ dài huíqu kànkan?

中介　可以。你们考虑考虑吧，决定以后给我打电话。
Kěyǐ. Nǐmen kǎolǜ kǎolǜ ba, juédìng yǐhòu gěi wǒ dǎ diànhuà.

쉽게 이해하는 어법

1 양사 중첩

양사가 중첩해서 쓰이면 '모두', '~마다'라는 의미를 나타낸다.

他们班的学生个个都很聪明。
房间里的东西样样都新的。
我天天都发电子邮件。
条条大路通罗马。

+通 tōng 동 (길이) 통하다 | **罗马** Luómǎ 고유 로마

☑ **확인 체크** 빈칸에 알맞은 양사의 중첩 형식을 쓰세요.

❶ 这个学校的老师________都很热情。

❷ 这些绿茶________都好喝。

+热情 rèqíng 형 열정적이다, 친절하다 | **绿茶** lǜchá 명 녹차

2 是不是 의문문

어떤 상황에 대해 사실을 증명하거나 의견을 구하고자 할 때 '是不是' 의문문을 사용할 수 있다. '是不是'는 일반적으로 주어와 술어 사이에 위치한다.

你们是不是想租房?
他是不是对这儿的环境不太满意?
这合同我们是不是可以带走?
我们明天是不是不用来了?

+环境 huánjìng 명 환경

☑ **확인 체크** 다음 문장을 '是不是' 형식으로 바꾸세요.

❶ 我们现在可以回家了吗? → ______________________

❷ 租金可以便宜点儿吗? → ______________________

❸ 明天我们不用来上课吗? → ______________________

❹ 大卫回国了吗? → ______________________

3 형용사 + 了 + (一)点儿

'형용사+了+(一)点儿' 형식은 어떤 사물이나 상황이 자신의 기대치보다 약간 낮음을 나타낸다.

今天的天气热了(一)点儿。
这件衣服贵了(一)点儿。

✔ 확인 체크 '一点儿'이 들어갈 알맞은 위치를 고르세요.

❶ 我 A 终于 B 看到 C 了 D 希望。

❷ 我 A 在每个菜里 B 都 C 放了 D 糖。

我跟我的好朋友早就想从学校宿舍搬出去，合租一个
Wǒ gēn wǒ de hǎo péngyou zǎojiù xiǎng cóng xuéxiào sùshè bān chūqu, hézū yí ge

公寓。经过房屋中介公司介绍，我们选择了一套离学校比较近
gōngyù. Jīngguò fángwū zhōngjiè gōngsī jièshào, wǒmen xuǎnzéle yí tào lí xuéxiào bǐjiào jìn

的公寓。今天去跟房东见了面，看了房间。虽然楼层高了点儿，
de gōngyù. Jīntiān qù gēn fángdōng jiànle miàn, kànle fángjiān. Suīrán lóucéng gāole diǎnr,

厨房和卫生间小了点儿，但是基本上还可以。我们明天去跟
chúfáng hé wèishēngjiān xiǎole diǎnr, dànshì jīběnshang hái kěyǐ. Wǒmen míngtiān qù gēn

房东签合同。
fángdōng qiān hétong.

단어

□□ 搬 bān 동 옮기다, 이사하다	□□ 离 lí 개 ~에서, ~로부터
□□ 合租 hézū 동 공동 임대하다	□□ 虽然 suīrán 접 비록 ~하지만
□□ 经过 jīngguò 동 통과하다, 거치다	□□ 楼层 lóucéng 명 층수, (건물의) 층
□□ 房屋 fángwū 명 집, 건물	□□ 基本上 jīběnshang 부 주로, 대체로, 거의
□□ 选择 xuǎnzé 동 선택하다	□□ 签 qiān 동 서명하다, 사인하다
□□ 套 tào 양 세트	

받아쓰고 말하는
회화 연습

1 녹음을 듣고 빈칸을 채우세요.

2 대화에 표시된 부분(◯)을 녹음에서 제시한 단어로 교체 연습을 해보세요.

1 090

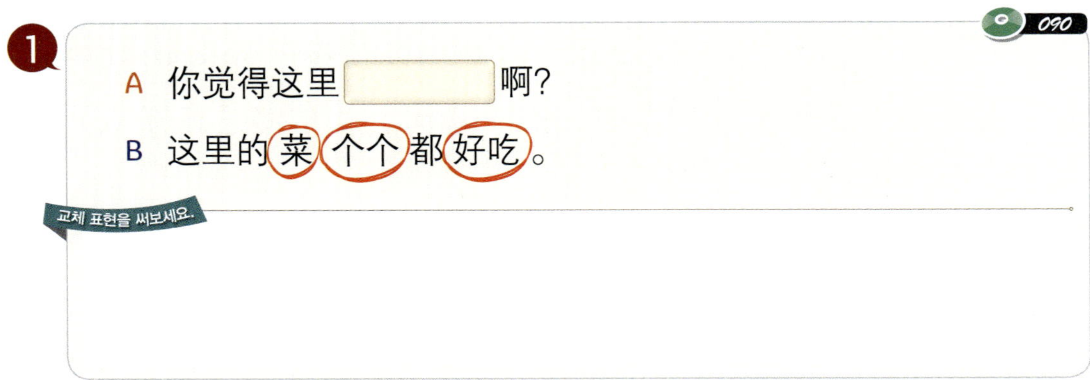

2 091

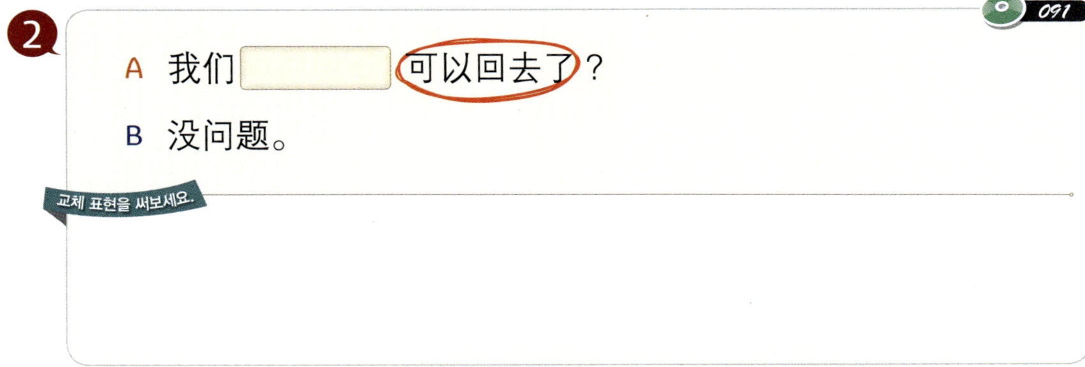

1 빈칸에 알맞은 양사의 중첩 형식을 쓰세요.

❶ 他问的问题＿＿＿＿都很难。

❷ 这家商店里的东西＿＿＿＿都贵。

❸ 到了这家公司以后，他＿＿＿＿晚上都加班，

没有一天是十点以前回家的。

2 '一点儿' 또는 '有点儿'을 써서 문장을 완성하세요.

❶ 这儿的夏天＿＿＿＿＿热。

❷ 对这件事，我真＿＿＿＿＿担心。

❸ 她今天好像＿＿＿＿＿不高兴。

❹ 那个卧室小了＿＿＿＿＿。

❺ 有没有大＿＿＿＿＿的房子？

❻ 请开得快＿＿＿＿＿。

❼ 这里的环境吵了＿＿＿＿＿。

❽ 这次考试难了＿＿＿＿＿。

*吵 chǎo 혱 시끄럽다

3 빈칸에 알맞은 단어를 쓴 후, 큰 소리로 읽어 보세요.

我＿＿＿定出去租房子住。中＿＿＿公司给我介绍了学校旁边的一套公寓。在六楼，两室一厅，里面什么电＿＿＿都有，电视、＿＿＿箱、空＿＿＿什么的，都是新的，还可以上网。可是，最大的问题是没有电＿＿＿，每天爬上爬下，有点儿＿＿＿苦。所以我告诉中介我还得考＿＿＿一下儿。

중국에서 집 구하기

중국에서 오랫동안 머물게 되면 가장 중요한 것이 집을 구하는 일입니다. 우리나라에서도 집을 구할 때는 부동산 중개소를 찾기도 하고, 월세, 전세, 매매 등 다양한 방식으로 집을 얻습니다. 하지만 집을 구하는 것은 금액의 차이는 있지만 돈이 오가는 거래여서 혹여 실수로 피해를 입지 않도록 신중에 신중을 기해야 합니다.

그렇다면 중국에서는 어떻게 집을 구할까요?

먼저 인터넷이나 중개업자를 통해서 방을 찾아보고 직접 가봐야 합니다. 학생들은 대부분 기숙사 생활을 많이 하지만, 요즘에는 개인적으로 월세를 구해서 사는 경우도 많습니다.

중국에는 우리나라와 달리 전세가 없습니다. 월세(月租 yuèzū) 형태로 집을 구해야 하는데요, 월세도 보증금(押金 yājīn)을 내야 하며, 한 달 방세의 50%에 해당되는 중개 수수료도 내야 합니다.

중국에서 집을 구할 때는 우리나라에서와 마찬가지로 꼼꼼하게 살펴야 합니다. 방마다 인테리어, 가전제품, 가구 포함 여부에 따라 가격이 달라지고요, 임대료에 관리비, 난방비, 유선 TV 비용이 포함되는지도 확인해야 합니다. 또 계약서 내용이 어렵더라도 잘 읽어 보고 혹시 누락된 부분은 없는지 보증금은 얼마인지 꼭 체크하세요.

중국의 부동산 사이트 房天下

인테리어가 되어 있는 아파트

☆ 좀 더 알아보세요!

중국 주택의 난방 방식에 대해 조사해 보세요.

12

我常常一边吃饭一边工作。

저는 자주 밥 먹으면서 일해요.

\회화/

병원 가기 / 증상 말하기

\어법/

가능보어 / 除了…(以外) / 一边…一边…

▢▢ 医生 yīshēng 몡 의사

▢▢ 全身 quánshēn 몡 전신, 온몸

▢▢ 全 quán 톙 전부의, 전체의

· 全国 전국 ㅣ 全校 전교

▢▢ 胃口 wèikǒu 몡 식욕, 입맛

· 没有胃口 입맛이 없다 ㅣ 胃口大 위가 크다 ㅣ 好胃口 좋은 식욕

▢▢ 顿 dùn 양 끼니, 번, 차례

· 他一天只吃两顿饭。 그는 하루에 두 끼만 먹는다.

▢▢ 汉堡包 hànbǎobāo 몡 햄버거

▢▢ 除了…以外 chúle…yǐwài ~을 제외하고, ~외에

· 除了他以外，我们都去了。 그를 제외하고, 우리는 모두 갔다. ㅣ 除了他(以外)，我也去了。 그 외에 나도 갔다.

▢▢ 睡着 shuìzháo 잠들다

· 睡不着 잠을 잘 수 없다

▢▢ 上床 shàng chuáng 동 침대에 오르다

▢▢ 精神 jīngshen 몡 원기, 활력 톙 활기차다

▢▢ 感冒 gǎnmào 몡 감기 동 감기에 걸리다

· 我感冒了。 나는 감기에 걸렸다.

▢▢ 发烧 fā shāo 동 열이 나다

· 你有点儿发烧。 너는 열이 좀 난다.

▢▢ 心脏 xīnzàng 몡 심장

▢▢ 胃 wèi 몡 위

· 胃疼 위통

▢▢ 得病 dé bìng 동 병에 걸리다

▢▢ 呀 ya 조 어투를 나타내기 위해 문장의 끝에 쓰이거나 문장의 중간에서 어기를 잠시 멈출 때 쓰임

▢▢ 别的 biéde 때 다른 것, 다른 사람

· **别的人** 다른 사람 | **别的东西** 다른 물건 | **别的地方** 다른 곳 | 你还要**别的**吗? 당신은 다른 것을 더 원하세요?

☐☐ **一边…一边…** yìbiān…yìbiān… ~하면서 ~하다

· 他**一边**吃饭**一边**看电视。 그는 밥을 먹으면서 TV를 본다.

☐☐ **紧张** jǐnzhāng 휑 긴장하다, 긴박하다, 빠듯하다

· 我觉得有点儿**紧张**。 나는 좀 긴장된다. | 两国关系比较**紧张**。 양국 관계가 비교적 긴장되어 있다. | 工作很**紧张**。 일이 매우 바쁘다. | 时间比较很**紧张**。 시간이 비교적 빠듯하다.

☐☐ **学期** xuéqī 몡 학기

☐☐ **开药方** kāi yàofāng 처방을 내리다, 처방전을 쓰다

☐☐ **药方** yàofāng 몡 처방, 처방전

☐☐ **中药** zhōngyào 몡 한약

☐☐ **药** yào 몡 약

· 吃**药** 약을 먹다

☐☐ **西药** xīyào 몡 양약

☐☐ **打针** dǎ zhēn 동 주사를 놓다, 주사를 맞다

☐☐ **早晨** zǎochen 몡 (이른) 아침, 새벽

☐☐ **跑步** pǎo bù 동 조깅을 하다

☐☐ **躺** tǎng 동 눕다, 드러눕다

· **躺**下 눕다 | **躺**在床上 침대 위에 눕다

☐☐ **笑话** xiàohua 몡 우스갯소리, 농담

· 说一个**笑话** 우스갯소리를 하나 하다

☐☐ **电影** diànyǐng 몡 영화

· 看**电影** 영화를 보다 | **电影**院 영화관

☐☐ **开玩笑** kāi wánxiào 농담을 하다

☐☐ **玩笑** wánxiào 몡 농담, 장난

· 他常常跟朋友开**玩笑**。 그는 자주 친구와 농담을 한다. | 我是认真的, 不是开**玩笑**。 나는 진담이지, 농담하는 것이 아니다.

회화 01 병원에서 진찰을 받다   093

大卫　医生，我身体不舒服。
　　　Yīshēng, wǒ shēntǐ bù shūfu.

医生　你哪儿不舒服？
　　　Nǐ nǎr bù shūfu?

大卫　我全身都不舒服。
　　　Wǒ quánshēn dōu bù shūfu.

医生　全身都不舒服？请你说得具体一点儿。
　　　Quánshēn dōu bù shūfu? Qǐng nǐ shuō de jùtǐ yìdiǎnr.

大卫　没胃口，吃不下。以前一顿能吃三个汉堡包，
　　　Méi wèikǒu, chī bu xià. Yǐqián yí dùn néng chī sān ge hànbǎobāo,

　　　现在只能吃半个了。
　　　xiànzài zhǐnéng chī bàn ge le.

医生　除了没胃口以外，还有什么问题？
　　　Chúle méi wèikǒu yǐwài, hái yǒu shénme wèntí?

大卫　睡不着。以前不想起床，现在就怕上床。
　　　Shuì bu zháo. Yǐqián bù xiǎng qǐ chuáng, xiànzài jiù pà shàng chuáng.

医生　除了睡不着以外，还有什么问题？
　　　Chúle shuì bu zháo yǐwài, hái yǒu shénme wèntí?

大卫　头疼，没精神。
　　　Tóu téng, méi jīngshen.

医生　先检查一下儿吧。
　　　Xiān jiǎnchá yíxiàr ba.

大卫
我感冒了吗?
Wǒ gǎnmào le ma?

医生
没有。
Méiyǒu.

大卫
发烧吗?
Fā shāo ma?

医生
不发烧。
Bù fā shāo.

大卫
心脏有问题吗?
Xīnzàng yǒu wèntí ma?

医生
没问题。
Méi wèntí.

大卫
是不是有胃病?
Shì bu shì yǒu wèibìng?

医生
没有。
Méiyǒu.

大卫
那得了什么病?
Nà déle shénme bìng?

医生
什么病也没有。你身体很好。
Shénme bìng yě méiyǒu.　Nǐ shēntǐ hěn hǎo.

大卫
不可能吧?
Bù kěnéng ba?

医生
你呀，除了精神不好以外，别的都好。
Nǐ ya,　chúle jīngshen bù hǎo yǐwài,　biéde dōu hǎo.

你在这儿工作还是学习?
Nǐ zài zhèr gōngzuò háishi xuéxí?

| 大卫 | 我一边在公司工作，一边在学校学习。 |

Wǒ yìbiān zài gōngsī gōngzuò, yìbiān zài xuéxiào xuéxí.

| 医生 | 是不是工作、学习很紧张？ |

Shì bu shì gōngzuò、xuéxí hěn jǐnzhāng?

| 大卫 | 公司的工作很忙，我常常一边吃饭一边工作。 |

Gōngsī de gōngzuò hěn máng, wǒ chángcháng yìbiān chī fàn yìbiān gōngzuò.

除了工作，还要上课。最近，学期快结束了，

Chúle gōngzuò, hái yào shàng kè. Zuìjìn, xuéqī kuài jiéshù le,

下个星期就要考试，怎么能不紧张？

xià ge xīngqī jiù yào kǎoshì, zěnme néng bù jǐnzhāng?

회화 03 의사의 처방전　　　　095

| 医生 | 给你开个药方吧。 |

Gěi nǐ kāi ge yàofāng ba.

| 大卫 | 太好了！吃中药还是西药？ |

Tài hǎo le! Chī zhōngyào háishi xīyào?

| 医生 | 不用吃中药，也不用吃西药。 |

Búyòng chī zhōngyào, yě búyòng chī xīyào.

| 大卫 | 不用吃药？是不是要打针？我最怕打针。 |

Búyòng chī yào? Shì bu shì yào dǎ zhēn? Wǒ zuì pà dǎ zhēn.

(读药方)"早晨跑步，每天一次，每次半小时；

(dú yàofāng) "Zǎochen pǎo bù, měi tiān yí cì, měi cì bàn xiǎoshí;

午饭后躺在床上看笑话，每天一次，

wǔfàn hòu tǎngzài chuáng shang kàn xiàohua, měi tiān yí cì,

每次一刻钟；晚饭后看电视或电影，每天一次，
měi cì yí kè zhōng; wǎnfàn hòu kàn diànshì huò diànyǐng, měi tiān yí cì,

每次一到两个小时。"——医生，您在跟我开玩笑吧！
měi cì yī dào liǎng ge xiǎoshí." —— Yīshēng, nín zài gēn wǒ kāi wánxiào ba!

1 가능보어

동사와 결과보어 또는 방향보어 사이에 '得'나 '不'를 넣어서 동작이 어떤 결과나 상태에 도달할 수 있는 가능성을 나타낼 수 있다.

동사 + 得/不 + 결과보어/방향보어

	가능	불가능
听懂	▶ 听得懂	听不懂
吃完	▶ 吃得完	吃不完
买到	▶ 买得到	买不到
看清楚	▶ 看得清楚	看不清楚
进去	▶ 进得去	进不去
放进去	▶ 放得进去	放不进去

书上的字太小，我眼睛不好，看不清楚。
书太大，包太小，放不进去。
他说的话你听得懂吗？/ 他说的话你听得懂听不懂？
这么多书，房间里放得下吗？/ 这么多书，房间里放得下放不下？

☑ **확인 체크**   제시된 동사의 가능형을 사용하여 문장을 완성하세요.

❶ 这是一种中药，只有中国有，在法国恐怕＿＿＿＿＿＿＿。[买]

❷ 这个教室太小了，四十个人肯定＿＿＿＿＿＿＿。[坐]

❸ A 你＿＿＿＿＿＿＿一瓶白酒吗？[喝]

   B 一瓶？我当然＿＿＿＿＿＿＿。[喝]

❹ A 你在上海＿＿＿＿＿＿＿吗？[住]

   B 开始的时候有点儿＿＿＿＿＿＿＿，不过现在已经习惯了。[住]

❺ A 出租车师傅的汉语你＿＿＿＿＿＿＿吗？[听]

   B 他们说得太快，我＿＿＿＿＿＿＿。[听]

✦ 白酒 báijiǔ 몡 바이주, 배갈 | 惯 guàn 통 습관이 되다, 익숙해지다

'除了…(以外)'는 두 가지 형식이 있다.

❶ 除了…(以外)，都…

'~을 제외하고 모두'라는 의미로 말하는 대상을 포함하지 않음을 나타낸다.

除了他(以外)，我们都在学习汉语。
除了他(以外)，房间里的人我都认识。

❷ 除了…(以外)，还/也…

'~외에 또'라는 의미로 말하는 것 말고 또 다른 것이 있음을 나타낸다.

除了他以外，我也学习汉语。
除了日语以外，我还学习汉语。

✔ 확인 체크 '除了…(以外)' 형식을 사용하여 다음 문장을 중국어로 써보세요.

❶ 영어 외에, 나는 또 중국어를 말할 수 있다.

→ ____

❷ 커피를 제외하고, 나는 모두 마시기를 좋아한다.

→ ____

一边…一边…

두 가지 동작이나 행위가 동시에 진행되는 것을 나타낸다.

他一边看电视，一边喝咖啡。
我一边工作，一边学习。

✔ 확인 체크 보기 를 참고하여 '一边…一边…'을 사용한 문장을 만드세요.

보기 │ 看电视 / 吃早饭 → 我一边看电视，一边吃早饭。

❶ 听音乐 / 看书

→ ____

❷ 唱歌 / 走路

→ ____

我一边在公司工作，一边学习汉语。最近，工作和学习都
Wǒ yìbiān zài gōngsī gōngzuò, yìbiān xuéxí Hànyǔ. Zuìjìn, gōngzuò hé xuéxí dōu

特别紧张。这几天，我全身都不舒服，没胃口，睡不着。我想
tèbié jǐnzhāng. Zhè jǐ tiān, wǒ quánshēn dōu bù shūfu, méi wèikǒu, shuì bu zháo. Wǒ xiǎng

我可能是病了。我去看了医生。医生开的药方很奇怪。他让我
wǒ kěnéng shì bìng le. Wǒ qù kànle yīshēng. Yīshēng kāi de yàofāng hěn qíguài. Tā ràng wǒ

看电视，读笑话。我觉得，他在跟我开玩笑。不过，医生开的
kàn diànshì, dú xiàohua. Wǒ juéde, tā zài gēn wǒ kāi wánxiào. Búguò, yīshēng kāi de

药方真不错。我照医生的话做了以后，觉也睡得着了，饭也吃
yàofāng zhēn búcuò. Wǒ zhào yīshēng de huà zuò le yǐhòu, jiào yě shuì de zháo le, fàn yě chī

得下了，工作效率也高了很多。现在，我一边学习，一边
de xià le, gōngzuò xiàolǜ yě gāole hěn duō. Xiànzài, wǒ yìbiān xuéxí, yìbiān

工作，又跟以前一样轻松了。
gōngzuò, yòu gēn yǐqián yíyàng qīngsōng le.

☐☐ 奇怪 qíguài 형 이상하다	☐☐ 效率 xiàolǜ 명 효율
☐☐ 不过 búguò 접 그러나, 그런데	☐☐ 轻松 qīngsōng 형 가볍다, 수월하다
☐☐ 照 zhào 개 ~에 따라서	

받아쓰고 말하는

회화 연습

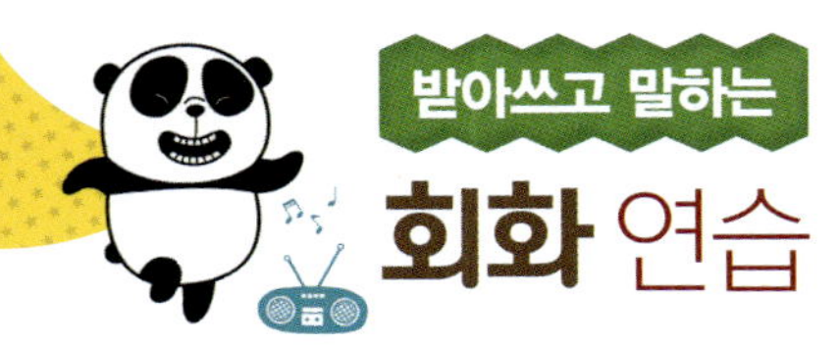

1 녹음을 듣고 빈칸을 채우세요.

2 대화에 표시된 부분(○)을 녹음에서 제시한 단어로 교체 연습을 해보세요.

1

098

A 再吃＿＿＿吧。

B 不行了，我吃＿＿＿了。

교체 표현을 써보세요.

2

099

A 你喜欢喝什么酒？

B ＿＿＿白酒以外，我＿＿＿喜欢喝。

교체 표현을 써보세요.

3

100

A ＿＿＿北京以外，我＿＿＿去过南京。

B 是吗？你觉得哪个更好？

A 都差不多。

교체 표현을 써보세요.

1 동사와 어울리는 목적어를 연결하세요.

❶ 开 ·　　　　· a 电影　　　❹ 散 ·　　　　· d 车
❷ 添 ·　　　　· b 玩笑　　　❺ 退 ·　　　　· e 步
❸ 看 ·　　　　· c 麻烦　　　❻ 堵 ·　　　　· f 货

2 제시된 단어를 배열하여 문장을 완성하세요.

❶ 舒服 / 你 / 哪儿 / 不

→ ＿＿＿＿＿＿＿＿＿＿＿＿＿＿＿＿＿＿＿＿＿＿＿＿

❷ 感冒 / 精神 / 了 / 她 / 不好

→ ＿＿＿＿＿＿＿＿＿＿＿＿＿＿＿＿＿＿＿＿＿＿＿＿

❸ 跑 / 步 / 早晨 / 她 / 每天 / 一个 / 小时 / 的

→ ＿＿＿＿＿＿＿＿＿＿＿＿＿＿＿＿＿＿＿＿＿＿＿.

❹ 你 / 开 / 在 / 是不是 / 玩笑

→ ＿＿＿＿＿＿＿＿＿＿＿＿＿＿＿＿＿＿＿＿＿＿＿＿

3 보기 를 참고하여, 제시된 문장을 의문문으로 바꾸세요.

> 보기
> Ⅰ 她每天起床起得很早。→ 她每天起床起得早不早？
> Ⅱ 他的话我听得懂。→ 他的话你听得懂听不懂？

Ⅰ ❶ 他吃饭吃得很快。　　　→ ＿＿＿＿＿＿＿＿＿＿＿＿＿＿

　 ❷ 他汉语说得很好。　　　→ ＿＿＿＿＿＿＿＿＿＿＿＿＿＿

　 ❸ 他汉字写得不太好看。　→ ＿＿＿＿＿＿＿＿＿＿＿＿＿＿

Ⅱ ❹ 上海话他听得懂。　　　→ ＿＿＿＿＿＿＿＿＿＿＿＿＿＿

　 ❺ 中国菜他吃得惯。　　　→ ＿＿＿＿＿＿＿＿＿＿＿＿＿＿

　 ❻ 那个地方他进不去。　　→ ＿＿＿＿＿＿＿＿＿＿＿＿＿＿

중국인의 스트레스

중국어로 '건강하다'는 '健康(jiànkāng)', '병이 나다'는 '生病(shēng bìng)'이죠?

그럼 '亚健康(yàjiànkāng)'은 무슨 뜻일까요? '亚健康'은 병도 없는데 건강하지 않은 상태를 말합니다. '亚'는 '제2의'라는 뜻으로 '중간 상태' 혹은 '회색의 상태'라고 할 수 있습니다. '亚健康'의 증세로는 장기 피로, 불면증, 식욕 부진, 심리 불안정 등이 있는데, 현대인이 많이 겪고 있는 스트레스성 질환의 일종입니다.

그렇다면 중국인들이 받는 스트레스는 어느 정도일까요? 조사에 따르면 전 세계에서 스트레스를 가장 많이 받는 나라는 중국으로, 그 이유는 인구도 많은데 사회 형태가 전환되면서 욕구도 많아지고 경쟁도 치열해져서라고 합니다. 중국에서 스트레스 지수가 가장 높은 도시는 상하이, 두 번째는 베이징, 세 번째는 선전(深圳 Shēnzhèn)이 꼽혔습니다.

현대인이 많이 겪는 亚健康

한 설문 조사에 따르면 중국의 직장인들은 일, 개인적인 경제 상황, 상사로 인해 스트레스를 많이 받아서 황금연휴가 되면 여행을 떠나려는 사람들로 모든 도로가 꽉 막힌다고 합니다.

중국인의 80% 이상이 스트레스를 푸는 최고의 방법으로 여행을 손꼽았는데요, 가장 선호하는 여행지는 三亚(Sānyà), 丽江(Lì Jiāng), 九寨沟(Jiǔzhàigōu)라고 합니다.

중국의 丽江

✪ 좀 더 알아보세요!

중국 병원에서 진찰 받는 절차에 대해 조사해 보세요.

13

差点儿让汽车撞了。

하마터면 차에 부딪칠 뻔했어요.

\회화/

운수 나쁜 날

\어법/

把자문 / 被자문

101

□□ 运气 yùnqi 몡 운, 운수

· 好运气 행운, 좋은 운 | 坏运气 악운

□□ 一…就… yī…jiù… ~하자마자 곧

· 他一下课就回家。 그는 수업이 끝나자마자 집으로 돌아갔다. | 他一回来，我就告诉他。 그가 돌아오자마자 나는 그에게 알려주었다.

□□ 取 qǔ 툉 가지다, 얻다, 찾다

· 去银行取钱 은행에 가서 돈을 찾다

□□ 倒霉 dǎoméi 휑 운이 없다, 재수 없다

□□ 发生 fāshēng 툉 발생하다, 일어나다

· 那儿发生了什么事? 거기에서 무슨 일이 일어났어?

□□ 又 yòu 뷔 또, 다시

· 他上个星期来过，昨天又来了。 그는 지난주에 왔었는데, 어제 또 왔다.

□□ 邮局 yóujú 몡 우체국

□□ 寄 jì 툉 (우편으로) 부치다, 보내다

· 寄信 편지를 부치다 | 这封信寄给谁? 이 편지를 누구에게 부쳐요? | 这封信寄到哪儿? 이 편지를 어디로 부쳐요?

□□ 封 fēng 양 통

□□ 信 xìn 몡 편지

· 一封信 편지 한 통

□□ 排队 pái duì 툉 줄을 서다

□□ 把 bǎ 갠 ~을[동작의 대상을 동사 앞으로 전치시킬 때 사용함]

□□ 停 tíng 툉 세우다, 정지하다, 멎다

· 停车 차를 세우다 | 车停在哪儿? 차를 어디에 주차해요? | 雨停了。 비가 멎었다.

□□ 被 bèi 캐 ~에 의해

· 他被汽车撞伤了。 그는 차에 부딪쳐 다쳤다.

□□ 飞 fēi 图 날다

□□ 胆子 dǎnzi 图 담력, 용기, 배짱

· 胆子大 담력이 크다 ｜ 有胆子 배짱이 있다

□□ 怪 guài 图 책망하다, 탓하다

· 不怪他, 怪我自己。 그를 탓하지 말고, 나 자신을 탓하라!

□□ 丢 diū 图 잃다, 잃어버리다

· 我丢了钱包。 나는 지갑을 잃어버렸다. ｜ 我的钱包丢了。 내 지갑을 잃어버렸다.

□□ 报案 bào àn 图 (경찰이나 사법 기관에) 신고하다, 보고하다

□□ 派出所 pàichūsuǒ 图 파출소

□□ 只好 zhǐhǎo 图 부득이, 어쩔 수 없이

· 他一定要我去, 我只好去。 그는 반드시 내가 가야 한다고 해서, 나는 부득이 갔다.

□□ 注意 zhùyì 图 주의하다, 조심하다

· 请注意! 주의하세요! ｜ 注意安全 안전에 주의하다

□□ 差点儿 chàdiǎnr 图 하마터면

· 我差点儿忘了。 나는 하마터면 잊을 뻔했다.

□□ 危险 wēixiǎn 图图 위험(하다)

□□ 安全 ānquán 图图 안전(하다)

□□ 手表 shǒubiǎo 图 손목시계

· 一块手表 손목시계 하나

□□ 批评 pīpíng 图图 비평(하다), 비판(하다)

회화 01 윤수 나쁜 날(1) 🔘 102

大卫 我今天下午运气太坏了!
Wǒ jīntiān xiàwǔ yùnqi tài huài le!

林娜 怎么啦?
Zěnme la?

大卫 我一吃完午饭，就去银行取钱。
Wǒ yì chīwán wǔfàn,　jiù qù yínháng qǔ qián.

林娜 去银行取钱很容易呀。
Qù yínháng qǔ qián hěn róngyì ya.

大卫 容易什么呀! 一开始就倒霉: 等了一个小时才拿到钱。
Róngyì shénme ya!　Yì kāishǐ jiù dǎoméi:　Děngle yí ge xiǎoshí cái nádào qián.

林娜 怎么那么久?
Zěnme nàme jiǔ?

大卫 银行的电脑坏了。
Yínháng de diànnǎo huài le.

林娜 这种事儿以前从来没发生过呀。[1]
Zhè zhǒng shìr yǐqián cónglái méi fāshēng guo ya.

大卫 可是今天就发生了。
Kěshì jīntiān jiù fāshēng le.

林娜 你真倒霉!
Nǐ zhēn dǎoméi!

---

tip

1　'从来不(没)…过'는 '여태껏 ~해본 적이 없다'라는 의미이다.

　我**从来没**参加**过**这么大的比赛。 나는 여태껏 이렇게 큰 대회에 참가해 본 적이 없다.

大卫 从银行出来，我又去邮局寄一封信。
Cóng yínháng chūlai, wǒ yòu qù yóujú jì yì fēng xìn.

林娜 是不是排了半天队？
Shì bu shì páile bàntiān duì?

大卫 没有，半分钟就完了。
Méiyǒu, bàn fēnzhōng jiù wán le.

林娜 那不是挺好吗？
Nà bú shì tǐng hǎo ma?

大卫 好什么？从邮局一出来，麻烦就来了。
Hǎo shénme? Cóng yóujú yì chūlai, máfan jiù lái le.

林娜 又怎么啦？
Yòu zěnme la?

大卫 自行车不见了。
Zìxíngchē bú jiàn le.

林娜 你把自行车停在哪儿了？
Nǐ bǎ zìxíngchē tíngzài nǎr le?

大卫 就停在门口啊。
Jiù tíngzài ménkǒu a.

林娜 被人偷走了？
Bèi rén tōuzǒu le?

大卫 这自行车还能自己飞走吗？
Zhè zìxíngchē hái néng zìjǐ fēizǒu ma?

林娜 谁胆子那么大？
Shéi dǎnzi nàme dà?

大卫 也怪我自己。我忘了锁车。
Yě guài wǒ zìjǐ. Wǒ wàngle suǒ chē.

林娜	你丢了自行车，去报案了吗？
	Nǐ diūle zìxíngchē, qù bào àn le ma?

大卫	报啦。我马上到派出所报案，然后马上就回学校了。
	Bào la. Wǒ mǎshàng dào pàichūsuǒ bào àn, ránhòu mǎshàng jiù huí xuéxiào le.
	下午还有课呢！
	Xiàwǔ hái yǒu kè ne!

林娜	只好走着回去了？
	Zhǐhǎo zǒuzhe huíqu le?

大卫	可不是。因为走得太急，过马路的时候没注意红灯，
	Kěbushì. Yīnwèi zǒu de tài jí, guò mǎlù de shíhou méi zhùyì hóngdēng,
	差点儿让汽车撞了。
	chàdiǎnr ràng qìchē zhuàng le.

林娜	真危险！你太不注意安全了！
	Zhēn wēixiǎn! Nǐ tài bú zhùyì ānquán le!

大卫	到了教室，一看手表 —— 坏了，已经两点半了。
	Dàole jiàoshì, yí kàn shǒubiǎo —— Huài le, yǐjīng liǎng diǎn bàn le.

林娜	迟到了一个小时，你肯定要被老师批评了。
	Chídàole yí ge xiǎoshí, nǐ kěndìng yào bèi lǎoshī pīpíng le.

大卫	你说得一点儿没错。
	Nǐ shuō de yìdiǎnr méi cuò.
	我一进教室，老师就把我批评了一顿。
	Wǒ yí jìn jiàoshì, lǎoshī jiù bǎ wǒ pīpíngle yí dùn.

1 把자문

把자문의 형식은 다음과 같다.

주어 + 把 + 목적어(특정한 대상) + 동사 + 기타 성분

把자문은 특정한 대상에 어떤 행위를 가하여 그것이 영향을 받아 변화가 발생하는 것을 나타낸다.

我马上把钱包给你们送过来。
我把发票扔到垃圾箱里去了。

술어 부분이 '동사+在/给/到…' 형식일 때, 동사 목적어는 종종 把자문을 쓴다.

他把花儿放在桌子上了。
他把花儿送给他女朋友了。
他把花儿送到女朋友家里了。

주의

❶ '把'의 목적어는 특정한 대상이어야 한다.

我把一本词典买来了。(×)
我把词典买来了。(○)
我把那本词典买来了。(○)

❷ 把자문의 술어 동사 뒤에는 일반적으로 기타 성분이 있어야 한다.

我把词典买。(×)
我把词典买来了。(○)

❸ 시간사, 조동사, 부정사는 반드시 '把' 앞에 써야 한다.

我昨天把那本书还给图书馆了。
我不想把那本书还给图书馆。
我还没有把那本书还给图书馆。

+扔 rēng 동 던지다 | 垃圾箱 lājīxiāng 명 쓰레기통

❶ 他把书还给图书馆。[还没有]

❷ 你把这两件行李都托运到北京。[不用]

❸ 他把那辆旧车卖了。[昨天]

❹ 我们把学过的内容复习一下儿吧。[先]

❺ 把合同带走。[别]

*行李 xíngli 몡 여행 짐 | 托运 tuōyùn 통 (짐·화물을) 탁송하다, 운송을 위탁하다

内容 nèiróng 몡 내용 | 复习 fùxí 통 복습하다

被字문

被字문은 일반적으로 원치 않거나 어떤 일을 당하다는 의미를 나타낼 때 쓰며, 형식은 다음과 같다.

수동자 + 被 + 행위자 + 동사 + 기타 성분

我的自行车被人偷走了。
花瓶被他摔坏了。

때로는 '被'의 목적어(행위자)가 출현하지 않을 수도 있다.

我的自行车被偷了。
花瓶被摔坏了。

구어에서는 '被'를 '叫' 또는 '让'으로 바꿀 수 있다. '叫'와 '让' 뒤에는 반드시 목적어가 있어야 한다.

我差点儿让汽车撞了。
自行车叫人家偷走了。

被字문은 영어의 수동태와 다르다. 被字문은 일반적으로 원하지 않는 일에 쓰인다.

비교

火车票买到了吗?
信已经写好了。

위의 두 문장은 被字문으로 쓸 수 없다.

*花瓶 huāpíng 명 꽃병 | 人家 rénjia 대 남, 다른 사람

❶ 我同屋把我的电脑搞坏了。

→ ________________________________

❷ 小偷把我的钱包和手机偷走了。

→ ________________________________

❸ 汽车把那个老人撞伤了。

→ ________________________________

❹ 大卫把我的自行车借走了。

→ ________________________________

*搞 gǎo 동 ~을 하다 | 老人 lǎorén 명 노인

以前，我哥哥过马路的时候非常小心，一定要等绿灯亮了
Yǐqián, wǒ gēge guò mǎlù de shíhou fēicháng xiǎoxīn, yídìng yào děng lùdēng liàng le

才过马路。可是，他女朋友觉得：这个人胆子太小了！真不像
cái guò mǎlù. Kěshì, tā nǚpéngyou juéde: Zhège rén dǎnzi tài xiǎo le! Zhēn bú xiàng

个男人。所以，就跟他分手了。后来，我哥哥又有了一个女朋友。
ge nánrén. Suǒyǐ, jiù gēn tā fēn shǒu le. Hòulái, wǒ gēge yòu yǒule yí ge nǚpéngyou.

他想：我应该胆子大一点儿。所以，他过马路的时候就再也不
Tā xiǎng: Wǒ yīnggāi dǎnzi dà yìdiǎnr. Suǒyǐ, tā guò mǎlù de shíhou jiù zài yě bú

看红绿灯了。他女朋友心里想：这个人怎么闯红灯啊？素质太
kàn hónglǜdēng le. Tā nǚpéngyou xīnli xiǎng: Zhège rén zěnme chuǎng hóngdēng a? Sùzhì tài

差了！所以，也跟他说再见了。
chà le! Suǒyǐ, yě gēn tā shuō zàijiàn le.

단어

□□ 亮 liàng 형 밝다, 빛나다 동 비추다	□□ 红绿灯 hónglǜdēng 명 신호등
□□ 像 xiàng 동 닮다, 비슷하다	□□ 闯红灯 chuǎng hóngdēng 신호를 위반하다
□□ 分手 fēn shǒu 동 헤어지다	□□ 素质 sùzhì 명 소양, 자질

1 녹음을 듣고 빈칸을 채우세요.
2 대화에 표시된 부분(○)을 녹음에서 제시한 단어로 교체 연습을 해보세요.

1 〔107〕

A 这些 书 □ ？

B □ 它们 放在袋子里 吧。

교체 표현을 써보세요.

2 〔108〕

A 今天真 □ ！

B 怎么啦？

A 我的 钱包 □ 人偷走了。

교체 표현을 써보세요.

3 〔109〕

A 你 □ 没跟她们一起去 逛街 ？

B 我不喜欢 逛街 。我 □ 进 商店 □ 头疼。

교체 표현을 써보세요.

연습 문제

1 다음 把자문을 완성하세요.

❶ 你把这些花儿＿＿＿＿＿＿＿＿吧!

❷ 请你把你的名字＿＿＿＿＿＿＿＿。

❸ 请你在明天上午八点以前把合同＿＿＿＿＿＿＿＿。

❹ 请把水电费＿＿＿＿＿＿＿＿。

❺ 你能不能把你的自行车＿＿＿＿＿＿＿＿?

2 다음 단어의 반의어를 쓰세요.

❶ 输 – ＿＿＿＿＿　　❷ 轻 – ＿＿＿＿＿　　❸ 饱 – ＿＿＿＿＿

❹ 买 – ＿＿＿＿＿　　❺ 好 – ＿＿＿＿＿　　❻ 高 – ＿＿＿＿＿

❼ 瘦 – ＿＿＿＿＿　　❽ 冷 – ＿＿＿＿＿　　❾ 死 – ＿＿＿＿＿

❿ 旧 – ＿＿＿＿＿　　⓫ 暖和 – ＿＿＿＿＿　　⓬ 容易 – ＿＿＿＿＿

3 다음 문장을 완성하세요.

❶ 他一回家就＿＿＿＿＿＿＿＿。

❷ 他一喝酒就＿＿＿＿＿＿＿＿。

❸ 他一看见我就＿＿＿＿＿＿＿＿。

4 빈칸에 알맞은 단어를 쓴 후, 큰 소리로 읽어 보세요.

我今天中午去邮＿＿＿寄信，把自行车停在了邮局门口，忘了锁。几分钟＿＿＿后，我从邮局出来，发现自行车不见了。是谁＿＿＿我的自行车骑走了呢? 你们说，我还有希＿＿＿把自行车找回来呢?

✽**发现** fāxiàn 〔동〕 발견하다, 알아차리다

중국 속 미신

중국 사람들은 음력 7월을 불길한 달이라고 여겨 이사를 잘 가지 않습니다. 영화 영웅본색(英雄本色)을 보면 종이돈을 태우는 장면이 등장하는데, 이것도 귀신을 달래기 위해서라고 합니다. 또 해가 질 때 병문안을 가지 않고, 밥을 먹을 때 젓가락을 세워 두지 않으며, 생선을 먹을 때는 배가 위로 향하게 해서 먹지 않는 등의 미신이 있습니다.

중국에는 해음(谐音 xiéyīn)이라고 해서 같거나 비슷한 한자 발음을 이용해 복을 빌거나 금기하는 것들이 있습니다.

중국 사람들이 우리나라의 이화여자대학교를 자주 찾는 이유도 이 때문입니다. '梨花'에서 '梨(lí)'의 발음이 '이롭다'라는 뜻의 '利(lì)'와 같고, '花(huā)'는 '돈을 벌다'는 뜻의 '发(fā)'와 발음이 비슷해서, 중국 관광객들 사이에 이화여대를 거닐게 되면 행운이 찾아와서 부자가 될 수 있다는 이야기가 퍼져서 이화여대가 관광 명소로 인기가 많다고 합니다.

이 외에도 중국 사람들은 설에 '福'자를 거꾸로 붙여 놓는데, 이것은 '거꾸로 되다', '뒤집히다'라는 뜻의 '倒(dào)'가 '도착하다'는 뜻의 '到(dào)'와 발음이 같아서, '福'를 거꾸로 붙이면 '복이 온다'는 의미가 되기 때문입니다. 그리고 새해에 생선 요리를 먹는데요, 이것은 '鱼(yú)'가 '남다'라는 뜻의 '余(yú)'와 발음이 비슷해서 여유가 생길 수 있다고 믿기 때문이랍니다.

福자를 거꾸로 붙이는 중국

여유를 상징하는 생선

✪ 좀 더 알아보세요!

중국인들이 성탄절에 사과를 주고 받는 이유는 무엇인지 알아보세요.

14

祝你们生活幸福!

당신들의 생활이 행복하길 기원합니다!

\회화/

결혼 축하하기

\어법/

1~13과에서 학습한 어법 내용을 복습해 보세요

□□ 教堂 jiàotáng 몡 교회

□□ 举行 jǔxíng 통 거행하다

· 举行婚礼 결혼식을 거행하다

□□ 婚礼 hūnlǐ 몡 결혼식, 혼례

□□ 入乡随俗 rù xiāng suí sú 솅 로마에 가면 로마법을 따라야 한다,
그 고장에 가면 그 고장의 풍속을 따라야 한다

□□ 新娘 xīnniáng 몡 신부

□□ 新郎 xīnláng 몡 신랑

□□ 同事 tóngshì 몡 동료

□□ 同 tóng 혱 같다, 동일하다

· 同一个人 같은 사람 ┃ 同一个时间 동일한 시간

婚礼

□□ 谈恋爱 tán liàn'ài 연애를 하다

· 跟她谈恋爱 그녀와 연애를 하다

□□ 恋爱 liàn'ài 통 연애하다

□□ 最后 zuìhòu 뷔 마지막에

□□ 成 chéng 통 완성하다, 성공하다, 이루다

· 因为没买到飞机票，北京没去成。 비행기표를 사지 못했기 때문에 베이징은 가지 못했다.

□□ 同意 tóngyì 통 동의하다

□□ 女儿 nǚ'ér 몡 딸

□□ 老外 lǎowài 몡 외국인

□□ 过 guò 통 지내다, 보내다

· 生活过得怎么样? 어떻게 생활해? ┃ 周末怎么过? 주말은 어떻게 보내니?

□□ 惯 guàn 통 습관이 되다, 익숙해지다

· 每天走路上学，我已经惯了。 매일 걸어서 학교에 가는 게, 나는 이미 익숙해졌다.

□□ 属 shǔ 통 (십이지의) ~띠다

· 他属虎，我属龙。 그는 범띠고, 나는 용띠다.

□□ (老)虎 (lǎo)hǔ 몡 호랑이

□□ 龙 lóng 몡 용

□□ 明白 míngbai 동 알다, 이해하다

□□ 结婚 jié hūn 동 결혼하다

· 跟她结婚 그녀와 결혼하다

□□ 吵架 chǎo jià 동 싸우다

· 跟他吵了一架 그와 한바탕 싸우다

□□ 发现 fāxiàn 동 발견하다, 알아차리다

□□ 脾气 píqi 몡 성격, 성질

· 脾气好 성격이 좋다 | 脾气不好 성격이 좋지 않다 | 发脾气 화내다

□□ 认真 rènzhēn 혱 진지하다, 성실하다, 착실하다

· 认真学习 성실하게 공부하다 | 办事认真 일을 착실하게 하다

□□ 感情 gǎnqíng 몡 감정, 애정

□□ 确实 quèshí 믠 확실히, 틀림없이

· 那儿的东西确实很便宜。 그곳의 물건은 확실히 매우 싸다.

□□ 反对 fǎnduì 동 반대하다

□□ 醉 zuì 동 취하다

· 喝醉了 술에 취했다

□□ 干杯 gān bēi 동 건배하다

· 为我们的友谊，干杯! 우리의 우정을 위해 건배하자!

□□ 生活 shēnghuó 몡 생활 동 살다, 생활하다

· 在生活中 생활 속에서 | 每天的生活 매일의 생활 | 生活得很好 아주 잘 살다

□□ 幸福 xìngfú 혱 행복하다

· 他们的生活很幸福。 그들의 생활은 매우 행복하다.

□□ 快乐 kuàilè 혱 기쁘다, 즐겁다

· 他每天都很快乐。 그는 매일 아주 즐겁다.

□□ 喜酒 xǐjiǔ 몡 결혼 축하주

회화 01 중국의 결혼식에 참석하다 🎧 111

大卫	他们怎么没去教堂举行婚礼?
	Tāmen zěnme méi qù jiàotáng jǔxíng hūnlǐ?

田中	入乡随俗嘛。
	Rù xiāng suí sú ma.

林娜	新娘真漂亮啊! 你认识吗?
	Xīnniáng zhēn piàoliang a! Nǐ rènshi ma?

田中	认识，见过几次面。她姓李，也是我们学校毕业的。
	Rènshi, jiànguo jǐ cì miàn. Tā xìng Lǐ, yě shì wǒmen xuéxiào bìyè de.

林娜	是吗? 我一点儿也不知道。
	Shì ma? Wǒ yìdiǎnr yě bù zhīdào.

李大中	听说新郎、新娘是同事?
	Tīngshuō xīnláng、xīnniáng shì tóngshì?

田中	对，他们在同一个公司工作，谈恋爱谈了四年。
	Duì, tāmen zài tóng yí ge gōngsī gōngzuò, tán liàn'ài tánle sì nián.

李大中	听说最后差点儿没谈成?
	Tīngshuō zuìhòu chàdiǎnr méi tánchéng?

田中	是啊。小李的母亲听说了这件事以后，不太同意。
	Shì a. Xiǎo Lǐ de mǔqīn tīngshuōle zhè jiàn shì yǐhòu, bú tài tóngyì.

林娜	为什么?
	Wèi shénme?

大卫	我知道。把女儿交给一个老外，能放心吗?
	Wǒ zhīdao. Bǎ nǚ'ér jiāogěi yí ge lǎowài, néng fàng xīn ma?

林娜	怎么不放心?
	Zěnme bú fàng xīn?

田中	怎么能放心?
	Zěnme néng fàng xīn?

田中 开始的时候，小李的母亲担心小李跟一个外国人在一起
Kāishǐ de shíhou, Xiǎo Lǐ de mǔqīn cān xīn Xiǎo Lǐ gēn yí ge wàiguórén zài yìqǐ

过不惯。
guò bu guàn.

林娜 已经谈了四年了，还会有什么问题？
Yǐjīng tánle sì nián le, hái huì yǒu shénme wèntí?

田中 另外，小李比他大两岁，这也让小李的母亲觉得不合适。
Lìngwài, Xiǎo Lǐ bǐ tā dà liǎng suì, zhè yě ràng Xiǎo Lǐ de mǔqīn juéde bù héshì.

林娜 大两岁有什么关系？
Dà liǎng suì yǒu shénme guānxi?

田中 你知道吗？小李属虎，马克属龙。
Nǐ zhīdao ma? Xiǎo Lǐ shǔ hǔ, Mǎkè shǔ lóng.

林娜 我还是不明白。
Wǒ háishi bù míngbai.

田中 你不是学了半年汉语了吗？怎么不明白？
Nǐ bú shì xuéle bànnián Hànyǔ le ma? Zěnme bù míngbai?

林娜 老师没教过。
Lǎoshī méi jiāoguo.

田中 老人说，要是一个属虎，一个属龙，结婚以后会吵架的。
Lǎorén shuō, yàoshi yí ge shǔ hǔ, yí ge shǔ lóng, jié hūn yǐhòu huì chǎo jià de.

林娜 岂有此理！那后来呢？
Qǐ yǒu cǐ lǐ! Nà hòulái ne?

田中 见了几次面以后，小李的母亲发现，马克样样都好：
Jiànle jǐ cì miàn yǐhòu, Xiǎo Lǐ de mǔqīn fāxiàn, Mǎkè yàngyàng dōu hǎo:

除了汉语说得很流利以外，他脾气也很好，
Chúle Hànyǔ shuō de hěn liúlì yǐwài, tā píqi yě hěn hǎo,

做事也非常认真。马克跟小李的感情也确实非常好。
zuò shì yě fēicháng rènzhēn.　　Mǎkè gēn Xiǎo Lǐ de gǎnqíng yě quèshí fēicháng hǎo.

所以，她母亲就不反对了。
Suǒyǐ,　　tā mǔqīn jiù bù fǎnduì le.

林娜
看，新郎、新娘走过来了。
Kàn,　　xīnláng、xīnniáng zǒu guòlai le.

大卫
马克，今天得多喝几杯呀。
Mǎkè,　　jīntiān děi duō hē jǐ bēi ya.

马克
Mǎkè
不行，我喝不下了。
Bùxíng,　　wǒ hē bu xià le.

我已经喝得太多了，再喝，就要喝醉了。
Wǒ yǐjīng hē de tài duō le,　　zài hē,　　jiùyào hēzuì le.

大卫
但是这一杯你一定要喝。
Dànshì zhè yì bēi nǐ yídìng yào hē.

来，我们一起干杯，祝新郎、新娘生活幸福！
Lái,　　wǒmen yìqǐ gān bēi,　　zhù xīnláng、xīnniáng shēnghuó xìngfú!

林娜
祝你们天天都快快乐乐！
Zhù nǐmen tiāntiān dōu kuàikuàilèlè!

马克
来，干杯！……大卫、林娜，什么时候喝你们两个的
Lái,　　gān bēi!　　……Dàwèi、Línnà,　　shénme shíhou hē nǐmen liǎng ge de

喜酒啊？
xǐjiǔ a?

大卫
快了，快了。
Kuài le,　　kuài le.

🔘 114

今天我参加了一个婚礼。新郎是我的同胞，也是我的好
Jīntiān wǒ cānjiāle yí ge hūnlǐ.　　　　Xīnláng shì wǒ de tóngbāo,　　　yě shì wǒ de hǎo

朋友。新娘是一位漂亮的中国姑娘。他们在同一个公司工作，
péngyou.　　Xīnniáng shì yí wèi piàoliang de Zhōngguó gūniang.　Tāmen zài tóng yí ge gōngsī gōngzuò,

谈恋爱谈了四年。开始的时候，新娘的父母不太同意女儿跟一
tán liàn'ài tánle sì nián.　　　　Kāishǐ de shíhou,　　　　xīnniáng de fùmǔ bú tài tóngyì nǚ'ér gēn yí

个老外谈朋友。不过，见过几次面以后，他们觉得这小伙子挺
ge lǎowài tán péngyou.　　　Búguò,　　　jiànguo jǐ cì miàn yǐhòu,　　　tāmen juéde zhè xiǎohuǒzi tǐng

不错的，就接受了这位"洋女婿"。
búcuò de,　　　jiù jiēshòule zhè wèi "yáng nǚxu".

🔘 115

☐☐ 同胞 tóngbāo 圆 동포, 한 민족		☐☐ 接受 jiēshòu 圄 받아들이다, 수락하다
☐☐ 姑娘 gūniang 圆 아가씨		☐☐ 洋 yáng 圈 외국의
☐☐ 小伙子 xiǎohuǒzi 圆 젊은이, 총각		☐☐ 女婿 nǚxu 圆 사위

1 녹음을 듣고 빈칸을 채우세요.

2 대화에 표시된 부분(○)을 녹음에서 제시한 단어로 교체 연습을 해보세요.

①

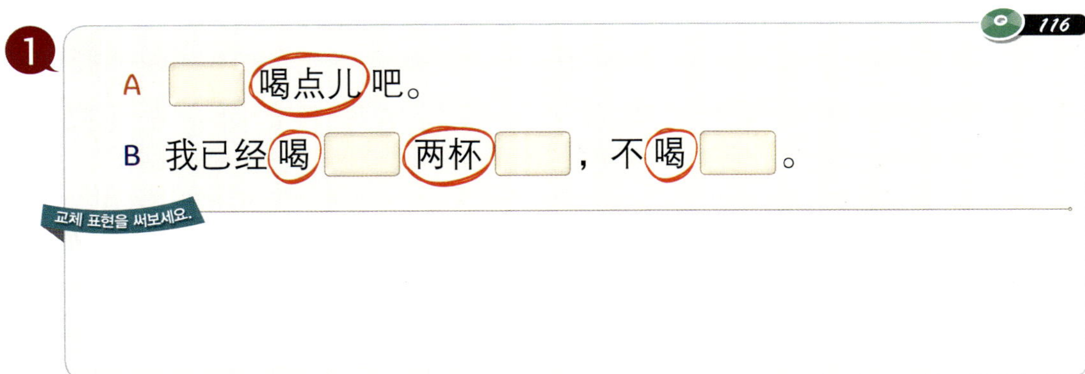

②

1 빈칸에 알맞은 단어를 [보기] 에서 고르세요.

> [보기] 属　谈　聊　过　取　得　考虑
> 脾气　感情　胆子　高兴　快乐　倒霉

❶ 祝你生日________！ +骂 mà 동 욕하다 | 离婚 lí hūn 동 이혼하다 | 同岁 tóngsuì 동 동갑이다

❷ 他常常不吃早饭，结果________了胃病。

❸ 这半年来，你们在中国________得怎么样？

❹ 他________很大，一不高兴就骂人，所以我们都有点儿怕他。

❺ 我跟他同岁，都是________龙的。

❻ 他跟他太太________不好，听说快要离婚了。

❼ 他最近在忙着跟一个中文系的女孩子________恋爱呢!

2 제시된 단어를 배열하여 문장을 완성하세요.

❶ 他们 / 教堂 / 婚礼 / 去 / 举行 / 没　→ _______________________________

❷ 他 / 汉语 / 学 / 半年 / 了 / 了　→ _______________________________

❸ 小李 / 两岁 / 比 / 他 / 大　→ _______________________________

❹ 我 / 知道 / 一点儿 / 不 / 也　→ _______________________________

3 빈칸에 알맞은 단어를 쓴 후, 큰 소리로 읽어 보세요.

> 　　马克和小李是在三年_____认识的。那时_____，马克是留学生，学习汉语；小李是经_____系的学生，国际贸_____专业。马克的朋友介绍他认识了小李。他们常常在一起学习，马克帮_____小李学习英语，小李帮助马克学习汉语。后来，他们去了同一家公司。他们恋爱了。上个星期，他们举_____了婚礼。马克的朋友们都去参_____了他们的婚礼。现在马克更忙了，他还要帮助小李的父_____学习英语。

+帮助 bāngzhù 동 돕다

중국의 결혼식

　결혼은 어느 나라든 누구에게든 중요한 행사인데요, 중국의 결혼식에 가본 사람이라면 우리나라와 많이 다르다는 사실을 알 수 있습니다. 우리나라는 결혼식이 진행되는 시간이 그리 길지 않은 반면에 중국은 며칠 동안 결혼식 행사를 하는 경우도 있어서 상대적으로 길다는 느낌이 듭니다.

　우리나라에서는 신랑이 신부를 맞이하는데요, 중국에서는 신부가 먼저 신랑을 데리러 간 후에, 신랑 신부가 함께 신부 집으로 가고요, 그리고 난 후에 결혼식장으로 갑니다.

　중국에서 결혼은 '喜(xǐ)'와 관련된 것들이 많습니다. '喜'는 흥을 돋우고 경축을 하는 의미를 가지고 있기 때문에 결혼과 관련된 단어에서 쉽게 볼 수 있습니다. 결혼식에서 마시는 술을 喜酒(xǐjiǔ), 결혼식에서 나누어 주는 사탕을 喜糖(xǐtáng), 결혼식이 끝나고 하객들에게 나누어 주는 담배를 喜烟(xǐyān)이라고 합니다. 결혼식장에서 하객들에게 담배를 나누어 주고 불을 붙일 때, 이것을 거절하면 안 된다고 합니다.

중국 결혼식의 차 접대

　우리는 축의금을 흰 봉투에 넣어서 건넵니다. 하지만 중국에서는 빨간색 봉투에 넣어서 주는데요, 빨간색 봉투를 红包(hóngbāo)라고 합니다. 중국 사람들은 '发财(fā cái 돈을 벌다)'와 발음이 비슷한 숫자 '八(bā)'를 좋아해서 축의금도 888위안, 1888위안처럼 '8'과 관련된 금액으로 준답니다.

축의금을 넣는 红包

✪ 좀 더 알아보세요!

중국인들이 결혼식에서 먹는 음식에 대해 조사해 보세요.

부록

- 정답 및 해석
- 찾아보기

1 最近在忙什么?
요즘 뭐 하느라 바빠요?

듣고 말하는 회화

회화 01

다나카 오래간만이야.

마샤오훙 오래간만이야.

다나카 곧 졸업하지?

마샤오훙 응, 다음 달에 졸업해.

다나카 졸업한 이후에 일할 거니 아니면 대학원 공부를 할 거니?

마샤오훙 나는 대학원 공부를 하고 싶지 않아. 나는 일을 하려고 해.

다나카 너의 전공은 국제 경제지?

마샤오훙 아니, 국제 무역이야.

다나카 그럼 좋은 일자리를 찾는 건 문제없겠네.

회화 02

마샤오훙 린나, 너 요즘 어떠니?

린나 항상 그렇지 뭐. 너는?

마샤오훙 아주 바빠.

린나 그래?

마샤오훙 막 논문을 다 썼고, 일을 찾고 있어.

린나 일은 찾았어?

마샤오훙 몇 군데 회사를 찾았는데, 모두 그다지 마음에 들지 않아.

린나 조급해하지 마. 행운을 빌어.

마샤오훙 고마워.

회화 03

데이비드 요즘 바쁘니?

이대중 요즘 아주 바빠.

데이비드 그래? 뭐 하느라 바쁜데?

이대중 낮에는 시험을 보고, 밤에는 월드컵을 봐. 너도 바쁘지?

데이비드 난 그럭저럭 괜찮아.

이대중 어제저녁 시합은 봤니 안 봤니?

데이비드 못 봤어. 난 어제저녁에 회사에서 야근했어.

쉽게 이해하는 어법

1 그는 쉬고 있다.

나는 일자리를 찾고 있다.

나는 몇 군데 회사를 찾았는데, 모두 그다지 마음에 들지 않는다.

A 어제저녁 시합을 너는 봤니 안 봤니?

B 나는 못 봤어.

우리는 곧 졸업한다.

우리는 곧 졸업한다.
우리는 곧 졸업한다.
우리는 다음 달에 곧 졸업한다.

✔ 확인 체크 **참고 답안**

❶ 他在看世界杯。他的妻子在睡觉。

❷ 他们毕业了。

❸ 火车快要开了。

✛妻子 qīzi 명 아내

읽고 쓰는 본문

요즘 마샤오훙은 줄곧 아주 바쁘다. 지난달에 그녀는 바삐 졸업 논문을 썼다. 지금은 논문을 마침내 다 썼다. 이번 달, 그녀는 바삐 일자리를 찾고 있다. 다음 달에 대학을 졸업하지만, 그녀는 아직 마음에 드는 일을 찾지 못했다. 그녀의 전공은 국제 무역이어서, 그녀는 유명한 국제 무역 회사에 가기를 바라지만 매우 어렵다. 그녀가 마음에 들어 하는 회사는 그녀를 원하지 않고, 그녀를 원하는 회사는 그녀가 마음에 들지 않는다. 짜증이 나겠는가 안 나겠는가?

받아쓰고 말하는 **회화** 연습

1 A 你在干什么?

B 我在学习汉语。

A 당신은 뭐 해요?

B 나는 중국어를 공부하고 있어요.

> 교체 표현
>
> 写论文
> 听音乐
> 看世界杯比赛

2 A 工作找到了吗?

B 还没有找到, 正在找。

A 일자리는 찾았어요?

B 아직 찾지 못했어요. 찾고 있어요.

> 교체 표현
>
> 飞机票
> 自行车钥匙
> 钱包

3 A 你快要毕业了吧?

B 是啊, 我下个月就要毕业了。

A 당신은 곧 졸업하죠?

B 네, 저는 다음 달에 곧 졸업해요.

> 교체 표현
>
> 工作
> 回国
> 读研究生

실력 향상을 위한 **연습 문제**

1 ❶ 最近他每天晚上都在公司加班。

❷ 他下个月就要结婚了。

❸ 你的专业是国际贸易吧?

❹ 两年不见他还是老样子。

2 ❶ 别 ❷ 运 ❸ 易 ❹ 加

참고 답안

3 ❶ 我还没写完毕业论文, 我非常着急。

❷ 你找到工作, 我很高兴。

❸ 对这家公司, 我不太满意。

2 京剧我看过。
경극을 나는 본 적이 있어요.

듣고 말하는 **회화**

회화 01

이대중 너 공 치러 가니?

데이비드 맞아, 오늘 시합이 하나 있어.

이대중 누구랑 시합하는데?

데이비드 중문과랑.

이대중 이전에 그들과 겨루어 본 적이 있니?

데이비드 지난번에 그들과 탁구를 쳤는데, 우리가 졌어. 이번에 그들과 농구를 하는데, 우리가 틀림없이 이길 수 있어.

이대중 그래? 다음 번에 만일 그들과 축구를 하면, 잊지 말고 나에게 알려줘. 나도 참가하게.

데이비드 너도 참가한다고? 너 가능하니?

이대중 무슨 소리야! 내가 왜 안 돼!

회화 02

왕린 내일 저녁에 내가 너에게 경극을 보여주려고 하는데, 어때?

알렉산더 경극을 나는 본 적이 있는데, 재미없던데.

왕린 어째서 재미없다는 거야?

알렉산더 이해하지 못하니까.

왕린 하지만 내일 저녁에 하는 경극은 정말 재미있어.

알렉산더 네가 어떻게 아는데?

왕린 내일 저녁에 나도 공연에 참가하기 때문

이지.

알렉산더 그래? 너 경극을 부를 수 있어? 언제 배웠어?

왕린 학생회에 경극단이 있는데, 나는 주말마다 활동에 참가하고 있어. 내일 저녁에 우리가 하는 공연을 너는 보러 가고 싶지 않니?

알렉산더 재미있겠네. 꼭 보러 갈게.

왕린 표 두 장을 줄게.

알렉산더 한 장에 얼마야?

왕린 파는 게 아니야. 너에게 줄게.

회화 03

사샤리 주말에 너 나갔었니?

다나카 아니, 책을 한 권 봤어.

사샤리 무슨 책?

다나카 영어 책인데, 책 제목은 『어떻게 중국인과 비즈니스를 해야 하나』야. 너 본 적 있니?

사샤리 본 적 없어. 이 책은 누가 쓴 거니?

다나카 미국인이 쓴 거야.

사샤리 이 책은 어때?

다나카 아주 훌륭해. 너도 봐야 해.

사샤리 그럼 나에게 빌려 줘.

다나카 미안해, 바로 도서관에 반납해야 해.

사샤리 왜?

다나카 한 달이 되어 가. 기한을 넘기면 벌금을 내야 하거든.

쉽게 이해하는 어법

1 A 그 책을 나는 이미 도서관에 반납했어.

B 그래? 언제 반납했는데?

A 어제.

A 너는 프랑스어를 할 줄 아니?

B 응, 배운 적이 있어.

A 언제 배웠는데?

B 작년에.

✔ 확인 체크

❶ 了 / 的   ❷ 过   ❸ 了 / 了

2 나는 공을 치러 간다.

나는 물건을 사러 가려고 한다.

너는 기차를 타고 가니 아니면 비행기를 타고 가니?

내가 너에게 경극을 보여 줄게.

다시 한 번 말씀해 주세요.

이후에 내가 너희들에게 함께 노래 부르고 춤 추러 가자고 초대할게.

A 너 내일 공 치러 가니 안 가니?

B 안 가.

A 너 어제 공 치러 갔었니 안 갔었니?

B 안 갔었어.

A 내일 행사에 그에게 참가하라고 초대할 거니 안 할 거니?

B 당연히 초대하지.

A 어제 행사에 그가 너에게 참가하라고 초대했니 안 했니?

B 당연히 초대했지.

✔ 확인 체크

❶ 我去图书馆还一本中文书。
❷ 我们去参观了他们的学校。

읽고 쓰는 본문

우리는 매일 생활이 아주 재미있다. 중국어를 배우는 것 외에 우리는 또 많은 활동이 있다. 우리의 취미는 아주 다르다. 데이비드는 농구를 좋아하는데, 그는 학교 농구팀 팀원이다. 왕린은 학생회 경극단에 참가해서 경극을 배웠다. 다나카는 책 보는 것을 좋아해서, 매일 저녁 도서관에 가려고 한다. 나는 축구를 좋아한다. 매주 주말 중국 친구와 함께 축구를 한다. 물론, 한 가지 우리가 같은 점이 있는데, 그건 바로 우리 모두 중국어 배우기를 좋아한다는 것이다.

받아쓰고 말하는 **회화** 연습

1 A 上个星期我看了一场京剧演出。
　 B 怎么样?
　 A 很不错。
　 B 你以前看过京剧吗?
　 A 没看过，这是第一次。

　 A 지난주에 나는 경극 공연을 하나 봤어요.
　 B 어땠어요?
　 A 아주 좋았어요.
　 B 당신은 이전에 경극을 본 적 있어요?
　 A 본 적 없어요, 이번이 처음이에요.

> **교체 표현**
> 去 / 北京
> 参加 / 一个汉语比赛
> 做 / 中国菜

2 A 他们来了没有?
　 B 已经来了。
　 A 他们是什么时候来的?
　 B 是前天来的。

　 A 그들은 왔어요 안 왔어요?
　 B 이미 왔어요.
　 A 그들은 언제 온 거예요?
　 B 그저께 왔어요.

> **교체 표현**
> 从哪儿 / 从北京
> 怎么 / 坐飞机

실력 향상을 위한 **연습 문제**

1 ❶ 祝　❷ 踢　❸ 卖　❹ 做　❺ 请

2 ❶ 我没去过学校旁边的那家酒吧。
　　 你去过学校旁边的那家酒吧吗?
　　 你去过没去过学校旁边的那家酒吧?

　　❷ 昨天晚上我没看一场篮球比赛。
　　 昨天晚上你看了一场篮球比赛吗?
　　 昨天晚上你看没看一场篮球比赛?

　　❸ 我今天晚上不去图书馆学习。
　　 你今天晚上去图书馆学习吗?
　　 你今天晚上去不去图书馆学习?

　　❹ 我不是去年九月来上海的。
　　 你是去年九月来上海的吗?
　　 你是不是去年九月来上海的?

3 他介绍得一点儿也不对。
그가 소개한 것은 조금도 맞지 않아요.

듣고 말하는 **회화**

회화 01

선생님　누구를 찾아요?
린나　　장 선생님을 찾는데요.
선생님　어느 장 선생님이요? 여기에 장 선생님
　　　　이 두 분 계세요.
다나카　그녀는 여자분이에요.
선생님　여기 계신 장 선생님 두 분은 모두 여자
　　　　예요.
린나　　키가 크고 마르고 머리가 길어요.
다나카　그녀는 1반 중국어 선생님이에요. 3시에
　　　　저희와 만나자고 말씀하셨어요.
선생님　하지만 지금 이미 3시 반인데, 너무 늦
　　　　게 왔네요, 이미 가셨어요.

회화 02

데이비드　지난달부터 마틴이 중국어 공부를 아주
　　　　　열심히 하는데, 왜 그런지 아니?
린나　　　몰라. 왜?
데이비드　여자 친구가 생겼대.
린나　　　여자 친구가 생긴 게 중국어 공부와 무
　　　　　슨 관계가 있는데?
다나카　　그의 여자 친구는 중국 대학생이야.
왕린　　　그래? 너희들은 그의 여자 친구를 본 적

있니?

데이비드 당연히 본 적 있지. 그녀는 자주 유학생 기숙사에 와.

다나카 그녀는 나의 친한 친구야.

왕린 그의 여자 친구는 어떻게 생겼어?

데이비드 키가 크고 말랐고 머리가 길고, 눈도 크고 피부도 하얘.

다나카 듣자 하니 그녀는 노래를 아주 잘 부르고 춤도 잘 춘대.

데이비드 그래, 그들은 무도회에서 알게 되었대.

회화 03

선생님 자신의 룸메이트를 좀 소개해 주세요.

왕린 제 룸메이트는 크고 하얗고 뚱뚱해요. 그는 매일 일찍 자서 늦게 일어나고 많이 먹어요. 그는 이전에는 아주 적게 먹어서 매우 말랐는데, 지금은 많이 먹어서 뚱뚱해졌대요.

이대중 제 룸메이트는 작고 검고 말랐어요. 평소 편하게 옷을 입는데, 늘 티셔츠에 반바지 차림이에요.

왕린 제 룸메이트는 자전거 타는 것을 좋아해요. 매번 아주 빨리 타서 사람들을 무섭게 해요.

이대중 제 룸메이트는 술 마시는 것을 좋아해요. 매번 흐리멍덩할 정도로 마셔서 자기 이름이 뭔지도 잊어버려요.

선생님 두 사람은 참 재미있게 소개를 하네요.

왕린 하지만 그가 소개한 것은 조금도 진실되지 않아요.

이대중 그가 소개한 것은 조금도 맞지 않아요.

선생님 어떻게 알아요?

왕린, 이대중 우리는 룸메이트거든요.

쉽게 이해하는 어법

1 그는 이전에 노래 부르는 것을 좋아하지 않았는데, 지금은 좋아졌다.

그는 이전에 노래 부르는 것을 좋아했는데, 지금은 좋아하지 않는다.

작년에 나는 일이 바쁘지 않아서 시간이 많이 있었는데, 올해는 일이 바빠져서 시간이 없어졌다.

☑ 확인 체크

❶ 以前我骑自行车，现在有车了。

❷ 这件大衣以前六百块，现在便宜了，只要四百块。

2 너희들은 너무 늦게 왔다.

그는 매일 매우 일찍 자고 매우 늦게 일어난다.

(그는) 매번 아주 빨리 타서 사람들을 무섭게 한다.

그녀는 노래를 굉장히 잘 부르고, 춤도 잘 춘다.

그녀는 노래를 굉장히 잘 부르고, 춤도 잘 춘다.

☑ 확인 체크 **참고 답안**

❶ 他唱歌唱得真好听，跳舞跳得不错。

❷ 他骑自行车骑得太快了。

❸ 今天他吃得很香。

3 크다　　하얗다
예쁘다　제멋대로다

그녀는 키가 크고 머리가 길다.

그녀는 큰 키에 긴 머리를 하고 있다.

왕린은 평소 항상 편하게 입는다.

☑ 확인 체크

❶ 高高　❷ 长长　❸ 大大
❹ 白白　❺ 红红　❻ 胖胖

4 나는 조금도 피곤하지 않다.

네가 말한 건 조금도 맞지 않다.

☑ 확인 체크

❶ 我觉得他的女朋友一点儿也不漂亮。

❷ 我一点儿也不喜欢打羽毛球。

읽고 쓰는 **본문**

　저쪽은 왕린과 이대중인데, 그들은 같은 방에 산다. 그들이 함께 걸어 다니는 것을 보면 당신은 매우 웃긴다고 생각할 것이다. 한 명은 뚱뚱하고 한 명은 마르고, 한 명은 키가 크고 한 명은 키가 비교적 작다. 그들의 습관도 매우 다르다. 한 명은 매일 일찍 자서 늦게 일어나고, 한 명은 매일 늦게 자서 일찍 일어난다. 그러나 그들 둘은 친한 친구이다. 한 사람이 잠자고 있을 때가 아니고서는 그들은 늘 함께 있다.

받아쓰고 말하는 **회화** 연습

1 A 听说你喜欢喝酒，是吗？
　B 我以前喜欢喝酒，现在不喜欢了。

　A 듣자 하니 당신은 술 마시는 것을 좋아한다면서요, 그래요?
　B 저는 예전에는 술 마시는 것을 좋아했었는데, 지금은 좋아하지 않아요.

> **교체 표현**
>
> 运动 / 没有时间
> 养狗 / 喜欢养猫
> 踢足球 / 不踢

+运动 yùndòng 명 운동 | 养 yǎng 동 키우다 | 狗 gǒu 명 개 | 猫 māo 명 고양이

2 A 你们昨天喝酒了没有？
　B 喝了，不过，喝得不多。

　A 당신들은 어제 술을 마셨어요 안 마셨어요?
　B 마셨어요, 하지만 많이 마시지 않았어요.

> **교체 표현**
>
> 买东西
> 聊天儿
> 看书

3 A 她长什么样儿？
　B 她皮肤白白的，头发长长的。

A 그녀는 어떻게 생겼어요?
B 그녀는 피부가 하얗고 머리가 길어요.

> **교체 표현**
>
> 高高的，瘦瘦的
> 矮矮的，胖胖的
> 眼睛大大的，皮肤白白的

실력 향상을 위한 **연습 문제**

1 ❶ 这是一场短跑比赛，马丁跑得快，马克跑得慢。
　❷ 左边的字是田中写的，她写得不好；右边的字是大卫写的，他写得不错。
　❸ 玛丽每天吃得很少，因为她怕胖。

2 得 / 面 / 识 / 介 / 肤 / 发 / 睛 / 歌 / 球

> 　오늘 그는 멋있게 차려 입고 그의 여자 친구를 만나러 간다. 당신은 그의 여자 친구를 아는가? 내가 소개를 좀 하자면, 그의 여자 친구는 키가 크고 말랐으며 피부는 하얗고 머리는 길며 눈은 크다. 그녀는 노래도 잘 부르고 농구도 잘 한다.

4 他出去了.
그는 나갔어요.

듣고 말하는 **회화**

회화 01

마샤오훙　데이비드 있나요?

야마모토　그는 정오에 나갔어요. 당신은 그의 친구인가요?

마샤오훙　네. 그는 언제 돌아오나요?

야마모토　그는 공항에 친구를 마중 가서 저녁에야 돌아와요. 들어오세요.

마샤오훙	아니에요, 일이 또 있어서 안 들어갈래요. 내일 오전에 다시 올게요.
야마모토	그는 내일 오전에도 없어요. 그의 부모님께서 내일 귀국하셔서, 그분들을 배웅하러 가야 해요.

회화 02

야마모토	누구를 찾으세요?
린나	저는 데이비드를 찾아요.
야마모토	무슨 일 있으세요?
린나	그가 꽤 며칠 동안 수업에 오지 않았어요. 어찌 된 일이죠?
야마모토	그의 부모님이 중국에 오셔서, 그는 그들을 모시고 여행을 가서, 어제 막 돌아왔어요.
린나	그럼 지금은요?
야마모토	그의 부모님이 오늘 귀국하셔서, 그는 그들을 배웅하러 공항에 갔어요.
린나	그가 돌아온 후에 알려주세요. 학교에서 다음 달에 견학 활동을 계획하려고 하는데, 참가하고 싶으면 빨리 등록하러 가라고요.
야마모토	어떤 곳을 견학하는데요? 무료인가요?
린나	구체적인 상황은 그에게 학교의 통지를 보라고 해주세요.
야마모토	알았어요.

회화 03

왕 선생님	데이비드 있나요?
야마모토	그는 나갔어요.
왕 선생님	그는 언제 돌아오나요?
야마모토	잘 모르겠어요.
왕 선생님	저는 왕 선생인데, 그한테 용건이 있어서요. 그에게 내일 오후 5시 이전에 나에게 전화해 달라고 전해 주세요. 제 전화번호는……
야마모토	잠시만 기다려 주세요. 제가 좀 쓸게요. 네, 말씀해 주세요.
왕 선생님	제 사무실 전화는 82394567이고, 휴대폰은 13914826702예요.
야마모토	네, 그가 돌아오면 반드시 그에게 알려 줄게요.
왕 선생님	고마워요.
야마모토	별말씀을요.

쉽게 이해하는 어법

1 잠깐 나오세요.　　우리 나가자.
들어오세요.　　우리 올라가자.
내려오세요.　　이리로 와!

그는 위층에 살고, 나는 아래층에 산다. 나는 자주 그를 보러 올라가고, 그도 자주 나를 보러 내려온다.
그는 일본에 갔는데, 다음 달에 돌아온다.
너는 언제 돌아가니?

그는 아래층으로 내려갔다. / 그는 아래층으로 내려갔다.
그는 미국으로 돌아갔다. / 그는 미국으로 돌아갔다.

✓ 확인 체크

❶ 他上楼来了。
❷ 他下个星期回美国去。

2 그는 나에게 함께 커피를 마시러 가자고 했다.
그는 나에게 그의 사무실에 좀 다녀오라고 했다.
그는 나에게 바로 그의 집에 가라고 했다.

✓ 확인 체크 **참고 답안**

❶ 我同屋去超市买东西，我让他买些水果回来。
❷ 明天是我的生日，我想请朋友们吃饭。
❸ 老师让我下课以后到办公室去。
❹ 你妈妈打电话让你快回家去。

읽고 쓰는 **본문**

데이비드에게

　오늘 오전에 네 급우가 너를 찾아왔었어. 그녀는 린나라고 했어. 그녀가 나더러 '학교에서 다음 달에 견학 활동을 하나 계획하려고 하는데, 만일 네가 참가하고 싶으면 빨리 등록하러 가'라고 알려주라고 했어. 그 외에 왕 선생님이 너에게 용건이 있다고, 내일 오후 5시 이전에 전화해 달라고 하셨어. 그녀의 사무실 전화는 82394567이고, 휴대폰은 13914826702야.

　나는 자야겠어. 내일 아침에 나는 지방으로 가야 해서, 3일 후에 상하이에 돌아와.

야마모토

4월 30일 저녁 11시 30분

받아쓰고 말하는 **회화** 연습

1 A　你明天有空儿吗？

　　B　什么事儿？

　　A　我想请你吃饭。

　　A　내일 시간이 있어요?

　　B　무슨 일인데요?

　　A　당신에게 밥 사주고 싶어서요.

> **교체 표현**
>
> 喝咖啡
>
> 喝酒
>
> 喝茶
>
> 看演出

2 A　马丁在吗？

　　B　不在。他出去了。

　　A　他什么时候回来？

　　B　我不太清楚。

　　A　마틴 있나요?

　　B　없는데요. 그는 나갔어요.

　　A　그는 언제 돌아오나요?

　　B　잘 모르겠어요.

> **교체 표현**
>
> 回国
>
> 下楼去
>
> 回家去

실력 향상을 위한 **연습 문제**

1 ❶ 他去机场接他的朋友了。

　❷ 楼下有一个通知。

　❸ 老师让我去一下儿他的办公室。

2 ❶ 就　❷ 才　❸ 才　❹ 就　❺ 就

3 以 / 办 / 诉 / 要 / 陪 / 办 / 手 / 让

> 　수업이 끝난 후에, 나는 선생님 사무실에 가서 마 선생님을 찾았다. 나는 마 선생님께 다음 주에 나의 부모님께서 상하이에 오셔서 부모님을 모시고 여행을 가야 해서 수업에 갈 수 없다고 알려드리고 싶었다. 그러나 마 선생님은 사무실에 계시지 않았고, 한 선생님께서 나에게 마 선생님의 휴대폰 번호를 주시면서 나더러 마 선생님께 전화를 하라고 했다.

5　我不会做菜。
나는 요리를 할 줄 몰라요.

듣고 말하는 **회화**

회화 01

린나　　　이것은 내가 만든 요리인데, 모두들 맛 좀 봐.

데이비드　먼저 요리 이름을 좀 소개해 줄래?

린나　　　이것은 '토마토 계란 볶음'이라고 해. 맛은 어때?

데이비드　좀 짜.

린나	그래? 소금을 좀 많이 넣었나 봐.
다나카	다음은 내가 만든 요리를 맛봐.
데이비드	달고 새콤해.
다나카	맞아, 이건 '탕추위'라고 해. 설탕도 좀 넣었고, 식초도 좀 넣었어.
마샤오훙	또 내 거 좀 맛봐.
린나	이 요리는 어째서 좀 쓰지?
마샤오훙	이것은 여주야, 당연히 쓰지.
데이비드	또 내가 만든 탕을 맛봐.
마샤오훙	새콤하고 매워.
데이비드	그래, 이것은 '쏸라탕'이라고 해.

회화 02

이대중	어이, 정말 떠들썩하네! 너희들 뭐 해?
사샤리	이것들 모두 다 우리가 직접 만든 요리야. 맛보고 싶지 않니?
이대중	응, 맛이 정말 좋다. 주식은 있니?
사샤리	만두가 있는데, 이미 다 먹었어.
데이비드	너는 먹기만 하고 안 만들면 안 되지. 우리 모두 요리 하나씩 만들었으니, 너도 하나 만들어야 해.
이대중	나는 요리를 못 하고, 먹을 줄만 알아. 너희들은 어째서 술을 안 마셔?
데이비드	우리나라에서는 21세 미만이면 술을 마시지 못하는 규정이 있어.
이대중	함께 밥을 먹는데, 술을 안 마시다니, 얼마나 재미없니!

회화 03

마샤오훙	모두들 배불리 먹었어?
린나	배불리 먹었어, 너무 배불러.
다나카	음식을 모두 다 먹었어.
마샤오훙	다음은 그릇과 쟁반을 씻어야 해.
데이비드	누가 씻지?
왕린	이대중은 아무것도 안 했으니, 그한테 씻으라고 하자.
이대중	아? 이번에는 내가 수고해야겠군! 아, 맞다, 7시 반에 약속이 있어서, 먼저 가야 해.
왕린	이제 겨우 6시 반이야, 아직 이르잖아!
이대중	내가 가려는 곳은 굉장히 멀어. 미안해, 안녕!

쉽게 이해하는 어법

1 나는 베이징으로 여행 가고 싶지 않은데, 그는 나한테 반드시 그와 함께 가야 한다고 한다.

A 내가 내일 또 와야 하니?
B 올 필요 없어.

교실 안에서 담배를 피우지 마세요.

나는 수영할 줄 안다. 하지만 오늘은 너무 추워서 수영할 수 없다.
너는 나를 도와서 문을 좀 열어줄 수 있니?
교실 안에서 담배를 피워서는 안 되니, 너는 밖에 가서 피울 수 있다.

학생은 열심히 공부해야 한다.
이미 8시야. 나는 교실에 수업하러 가야 해.

☑ 확인 체크

❶ 能 ❷ 可以 / 能 ❸ 要

2 이것은 제가 쓴 글자인데요, 어떤지 좀 봐주세요.
이것은 제가 만든 요리예요, 모두들 맛 좀 봐주세요.
너희들 피곤하지? 좀 쉬자!

☑ 확인 체크

❶ 参加参加 ❷ 随随便便
❸ 活动活动 ❹ 真真实实
❺ 介绍介绍 ❻ 清清楚楚

3 이것은 내가 만든 요리다.
이것은 내가 어제 산 옷이다.
내가 가려고 하는 곳은 굉장히 멀다.
그가 만든 요리는 매우 맛있다.

읽고 쓰는 **본문**

　어제저녁 우리는 데이비드 방에서 파티를 열었다. 다나카는 요리 고수인데, 음식 두 가지를 가지고 왔다. 모두 그녀가 직접 만든 것으로 보기도 좋고 맛도 좋았다. 사샤리와 린나도 음식 두 가지를 가져왔는데, 그들 국가의 고향 맛이 나는 음식들이다. 이대중은 요리를 할 줄 몰라서 술 두 병을 가지고 왔다. 음식을 다 먹고 술을 다 마신 후에, 우리는 또 함께 노래를 부르고 춤을 췄다. 어제저녁 우리는 정말 즐겁게 보냈다.

받아쓰고 말하는 **회화** 연습

1 A 这是 我做 的菜，请你 尝尝。

　　B 好，谢谢!

　　A 이것은 제가 만든 요리예요. 맛 좀 보세요.

　　B 네, 감사합니다.

> **교체 표현**
>
> 我特别喜欢吃
>
> 我从老家带来
>
> 我小时候常常吃

+老家 lǎojiā 몡 고향 집

2 A 下个月有一个 外国人唱中国歌 的比赛，你 想不想 参加?

　　B 我 想 参加。可是我不 会 唱。

　　A 不 会 没关系，可以 学呀。还有一个月，肯定 能 学会。

　　A 다음 달에 '외국인 중국어 노래 경연 대회'가 있는데, 당신은 참가하고 싶어요?

　　B 참가하고 싶어요. 하지만 저는 노래를 못해요.

　　A 못하는 건 상관없어요, 배우면 돼요. 아직 한 달 남았으니, 틀림없이 마스터할 수 있을 거예요.

> **교체 표현**
>
> 外国人唱京剧 / 唱
>
> 外国人做中国菜 / 做

실력 향상을 위한 **연습 문제**

1 ❶ 应该　❷ 要　❸ 会　❹ 想

참고 답안

2 ❶ 学校对面的那家韩国饭店又好吃又便宜。

　❷ 他做的这个鱼汤又辣又酸。

　❸ 他新找的女朋友又聪明又漂亮。

　❹ 我们班的教室又大又干净。

참고 답안

3 ❶ 这是我的新电脑。
　　这是我跟朋友一起买的新电脑。
　　这是我上个星期跟朋友一起买的新电脑。

　❷ 这是老师的杯子。
　　这是老师从美国买来的杯子。
　　这是老师三年前从美国买来的杯子。

6 我的家乡比这儿冷多了。

내 고향은 여기보다 훨씬 추워요.

듣고 말하는 **회화**

회화 01

린나　　일기 예보를 들었니?

다나카　들었어.

린나　　내일 날씨는 어때?

다나카　맑은 날씨야. 최고 기온은 20도이고, 최저 기온은 8도라고 하네.

린나　　어제와 같네. 요 며칠 날씨가 정말 따뜻

해.

다나카 그래, 지금은 봄이잖아. 일년 중 가장 쾌
적한 계절이지.

린나 아! 그럼 여름도 곧 되겠네!

다나카 응.

린나 너무 좋다. 나는 여름을 제일 좋아하거
든.

다나카 여름은 그렇게 더운데, 너는 어째서 여
름을 좋아하니?

린나 내 생일이 여름에 있거든.

회화 02

왕 선생님 지금 여러분 고향의 날씨는 어떤가요?
이곳처럼 이렇게 쾌적한가요?

다나카 제 고향도 지금 가을이에요. 날씨는 여
기와 비슷해요.

알렉산더 제 고향은 지금 이미 겨울이에요. 여기
보다 훨씬 추워요.

왕린 제 고향은 지금 아직도 여름이에요, 또
비교적 더워요. 이렇게 선선하지 않아요.

사샤리 제 고향에는 겨울이 없고, 매일 비교적
더워요.

왕 선생님 여기의 여름과 비슷한가요?

사샤리 아니요, 여기의 여름보다 좀 시원해요,
최고 기온은 대략 30도 정도예요.

회화 03

사샤리 아직 비가 내리네, 정말 춥다.

다나카 일기 예보에서 오늘과 내일은 모두 비가
내린다더라.

사샤리 일주일 동안 해를 못 봤네.

다나카 여기의 겨울은 자주 바람이 불고 비가
내려서, 내 고향보다 훨씬 추워.

사샤리 오늘 기온은 몇 도야?

다나카 최고 기온이 1도고, 최저 기온이 영하 4
도야.

사샤리 어제보다 더 추워. 눈이 내리려는 거 아
닐까?

다나카 아마도 그럴 것 같아.

쉽게 이해하는 어법

1 오늘은 어제와 마찬가지로 덥다.
오늘은 어제와 비슷하다(비슷하게 덥다).

A 오늘은 어제만큼 그렇게 덥니?
B 오늘은 어제만큼 그렇게 덥지 않아.

오늘은 어제보다 덥다.

오늘은 어제보다 좀 덥다.

오늘은 어제보다 훨씬 덥다.
오늘은 어제보다 훨씬 덥다.

오늘은 어제보다 더 덥다.

☑ 확인 체크

❶ 小沙比小夏小。
小夏比小沙大。

❷ 小沙比小夏矮。
小沙没有小夏高。

읽고 쓰는 본문

나의 고향은 기후가 여기보다 훨씬 좋다. 겨울은
여기보다 따뜻해서 난방 시설이 필요 없다. 여름은
여기보다 선선해서 에어컨이 필요 없다. 봄과 가을
은 춥지도 덥지도 않아서 매우 쾌적하다. 나의 고
향에서 가장 아름다운 계절은 봄이다. 그때는 비가
잘 내리지 않고 바람도 잘 불지 않아서, 날씨가 매
우 좋고 꽃도 피어서 정말 아름답다.

받아쓰고 말하는 회화 연습

1 A 你听没听今天的天气预报？
B 听了。
A 今天有没有昨天那么热？
B 今天比昨天还热。

A 오늘의 일기 예보를 들었어요 안 들었어요?

B 들었어요.

A 오늘이 어제만큼 그렇게 더워요 안 더워요?

B 오늘이 어제보다 더 더워요.

> 교체 표현
>
> 冷
> 凉快
> 暖和

2 A 这两件 衣服哪一件好?

B 我看，这件跟那件一样好。

A 哪件便宜?

B 这件比那件便宜一点儿。

A 이 두 벌의 옷 중 어느 것이 좋아요?

B 내가 보기에, 이 옷은 저 옷과 마찬가지로 좋은데요.

A 어느 것이 싸요?

B 이것이 저것보다 좀 싸요.

> 교체 표현
>
> 条 / 裤子
> 台 / 电脑
> 辆 / 自行车

실력 향상을 위한 연습 문제

1 ❶ 他比我高。/ 我比他高。

❷ 北京的公园没有上海多。/
上海的公园没有北京多。

❸ 他跟我一样喜欢踢足球。/
我跟他一样喜欢踢足球。

❹ 他比我胖一点儿。/
我比他胖一点儿。

2 ❶ 高   ❷ 苦   ❸ 饱

> 참고 답안

3 ❶ 这件T恤比那件T恤贵。
那件T恤比这件T恤便宜。

❷ 秋天上海比北京暖和。
秋天上海没有北京凉快。

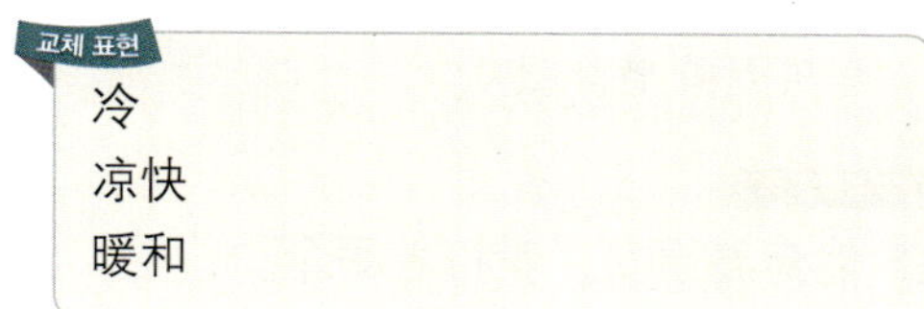

7 我的自行车摔坏了。
내 자전거가 망가졌어요.

듣고 말하는 회화

회화 01

남자	아이고!
여자	아이고!
남자	제가 자전거 타고 오는 것을 못 보셨나요?
여자	제가 길을 건너려고 하는 것을 못 보셨나요?
남자	다치지 않았나요?
여자	팔이 좀 아프고, 옷도 찢어졌어요.
남자	이렇게 합시다. 제가 병원으로 모시고 가서 진찰 받게 해드릴게요. 이런! 제 자전거가 망가져서 못 타겠네요.
여자	그럼 어떡해요?
남자	보세요, 경찰이 왔네요.

회화 02

경찰	무슨 일이죠?
여자	남자분이 저를 들이받았어요.
남자	여자분이 갑자기 옆에서 와서……
경찰	여자분이 길을 건너려는 것을 못 보셨나요?
남자	제가 우의를 입고 있어서 못 봤어요.
여자	자전거를 빨리 탔고, 왼손에는 또 물건을 들고 있었어요.
경찰	그럼 당신은 길을 건널 때 남자분이 자전거를 타고 오는 것을 못 보셨나요?
여자	제가 우산을 받치고 있어서 명확하게 보지 못했어요.

남자	고개를 숙이고 아주 빨리 걸었어요.
경찰	결과는요?
여자	우리 모두 부딪쳐 넘어졌어요.

회화 03

남자	보세요, 제 자전거가 망가졌어요.
여자	제 옷도 찢어졌어요.
경찰	다쳤어요 안 다쳤어요?
여자	팔이 좀 아파요.
경찰	당신들 너무 부주의하군요.
남자	보시기에 이것은 누구의 책임인가요?
경찰	여러분 모두 책임이 있네요. 이렇게 하죠, 남자분이 먼저 여자분을 데리고 병원으로 가서 검사하세요. 검사가 다 끝난 이후에 여자분은 남자분을 모시고 자전거를 수리하러 가세요.
여자	감사합니다. 하지만 저는 출근해야 하는데……
남자	저는 수업하러 가야 하는데……
경찰	그럼 당신들은……
남자, 여자	잘 가요!

쉽게 이해하는 **어법**

1 못쓰게 되다　　　깨뜨려 망가지다
부딪쳐 망가지다　　부딪쳐 다치다
넘어져 망가지다　　넘어져 다치다
넘어져 쓰러지다　　넘어져 깨지다

그는 쟁반을 하나 깨뜨렸다.
쟁반이 깨졌다.
그는 넘어졌지만 다치지 않았다.

다 보다　　말을 마치다　　다 먹다　　다 팔다
봤다　　　들었다　　　　샀다
보이다　　들리다

✔ 확인 체크

❶ 看见　　❷ 看　　❸ 看完
❹ 买　　❺ 买到　　❻ 听

❼ 听完　　❽ 听见

2 나는 서있고 당신들은 앉아 있다.
그는 새 옷을 입고 여자 친구를 만나러 간다.
그는 손에 책 한 권을 들고 있다.
방의 문이 열려 있다.

✔ 확인 체크

❶ 他穿着雨衣，我打着雨伞。
❷ 桌子上放着一本书。

읽고 쓰는 **본문**

　오늘 아침에 나는 자전거를 타고 학교에 갔다. 비가 많이 내려서 나는 우의를 입고 책가방을 메고 빨리 달렸다. 갑자기 앞에서 한 사람이 길을 건너려고 했다. 나는 재빨리 브레이크를 잡았으나 이미 늦었다. 결국 우리는 넘어졌다. 내 자전거는 고장이 났고, 그녀의 옷도 넘어지면서 찢어졌다. 정말 위험했다. 앞으로 자전거를 탈 때는 반드시 조심해야겠다.

받아쓰고 말하는 **회화** 연습

1 A 那本书你看了没有？
　 B 看了，可是没看懂。

　A 그 책을 당신은 봤어요 안 봤어요?
　B 봤어요, 하지만 이해가 안 돼요.

교체 표현

那台电脑 / 修 / 修好
京剧票 / 去买 / 买到
小张 / 给他打电话 / 打通

2 A 他过去的时候，你没看见他手里拿着什么东西吗？
　 B 我打着雨伞，没看清楚。

　A 그가 지나갈 때, 당신은 그가 손에 무슨 물건을 들고 있는 것을 보지 못했나요?

B 저는 우산을 받치고 있어서 명확하게 보지 못했어요.

교체 표현

穿着雨衣
低着头
正跟人说着话

＊正 zhèng 🈯 마침, 딱

실력 향상을 위한 연습 문제

1 ❶ 主食　❷ 结果　❸ 约会　❹ 责任

2 ❶ 疼　❷ 坏　❸ 伤　❹ 倒

3 ❶ 过马路的时候，要小心。
　❷ 我要找人修理电脑。
　❸ 这是谁的责任？
　❹ 什么时候可以知道检查结果？

8　他轻轻地走出房间去了。
그는 살며시 방에서 걸어 나갔어요.

들고 말하는 회화

회화 01

린나　모두들 네가 유독 귀신을 믿는다고 하던데, 너 귀신을 본 적 있니?

니타　어떻게 본 적이 없겠니? 어젯밤에 내 방에 귀신이 있었어.

린나　그래? 그게 어떻게 가능해?

니타　정말이야. 나는 그 귀신이 천천히 내 방으로 걸어 들어오는 것을 봤어. 방에서 왔다 갔다 하면서 앉았다 일어섰다 하는데, 전혀 소리가 나지 않았어.

린나　언제?

니타　새벽 1, 2시에.

린나　너는 등을 켰어?

니타　당연히 아니지. 나는 무서워서 감히 켜지 못했어.

회화 02

린나　너의 룸메이트는?

니타　귀국했어.

린나　그는 또 뭘 했어?

니타　누구?

린나　그 귀신.

니타　그는 내 서랍을 열어서 서랍에서 무언가를 꺼내 그의 가방 안에 넣는 것 같았어.

린나　그는 얼마나 머물렀어?

니타　대략 30분. 그러고 나서 살며시 방을 걸어 나갔어.

린나　너는 어떻게 그게 사람이 아니라 귀신이라고 확신할 수 있어?

니타　내 방의 문과 창문은 모두 잘 잠겨 있었어. 만약에 도둑이라면, 어떻게 들어올 수 있었겠어?

회화 03

린나　내가 보기에, 아마도 그것은 물건을 훔칠 줄 아는 '귀신'인 것 같아.

니타　하지만 그는 아무것도 안 가져갔는데.

린나　빨리 서랍을 열어서 봐봐. 어떤 물건이 없어졌어?

니타　아니.

린나　다시 잘 봐봐. 네 지갑은?

니타　문제없어, 여전히 서랍에 있어. 이런! 안에 있던 돈이 없어졌어!

린나　보아하니 돈을 좋아하는 귀신이구나.

니타　귀신이 곡할 노릇이네.

쉽게 이해하는 어법

1 가져오다　　　　　앉다
　걸어 들어가다　　꺼내다
　앉다　　　　　　일어서다
　걸어 들어오다　　걸어 나가다

그는 방에서 왔다 갔다 하면서, 앉았다 일어섰다 한다.

그는 방으로 걸어 들어가서 앉았다.

그는 서랍에서 지갑을 꺼내서 가방 안에 넣었다.

✔ 확인 체크

❶ 来　❷ 去　❸ 出 / 来
❹ 进 / 去　　❺ 下 / 过去

2 너는 푹 쉬어야 한다.

그는 살며시 걸어 나갔다.

✔ 확인 체크

❶ 地　❷ 的　❸ 得

읽고 쓰는 **본문**

　지금 세상에 귀신이 있다고 믿는 사람은 아주 드물다. 하지만 니타는 예외다. 니타가 이렇게 귀신을 믿는다는 것이 믿기 어렵다. 어젯밤에 도둑이 니타의 방에 걸어 들어가서, 그녀가 서랍 안에 넣어 둔 돈을 가져갔다. 사실 니타는 도둑이 그녀의 방에 들어오는 것을 들었고, 그녀의 서랍을 여는 것도 들었다. 하지만 그녀는 감히 보지도 감히 소리를 지르지도 못했고, 당연히 도둑을 잡지도 못했다. 왜냐하면 그녀는 그것은 귀신이지 도둑이 아니라고 생각했기 때문이다.

받아쓰고 말하는 **회화** 연습

1 A 这么大的东西，怎么拿上楼去？
　　B 别着急，咱们坐下来好好儿想想。

　　A 이렇게 큰 물건을 어떻게 위층으로 가져가요?

　　B 조급해하지 말고, 우리 앉아서 잘 생각해 봐요.

교체 표현

搬进房间去
搬上车去
放进包里去

2 A 医生说，你要好好儿地休息。
　　B 行，我记住了。

　　A 의사가 "푹 쉬어야 해요"라고 말했어요.

　　B 알겠어요, 기억할게요.

교체 표현

老师 / 学习
师傅 / 检查
爸爸 / 工作

실력 향상을 위한 **연습 문제**

1 ❶ 肯定　❷ 一定　❸ 怕
　　❹ 恐怕　❺ 看来　❻ 好像

참고 답안

2 ❶ 狠狠　❷ 慢慢 / 轻轻
　　❸ 紧紧　❹ 偷偷

✚狠狠 hěnhěn 〔부〕 호되게, 매섭게

3 着 / 然 / 袋 / 像 / 地 / 包 / 袋 / 袋 / 只

　어제 나는 버스를 타고 시내에 갔다. 차에는 사람이 매우 많아서, 나는 차 문 앞에 서있었다. 한 뚱뚱한 사람이 내 옆에 섰다. 갑자기 나는 나의 옷 주머니에서 한 손이 물건을 쥐는 것 같이 느껴졌다. 나는 그 뚱뚱한 사람을 한 번 보았고, 그 사람도 나를 한 번 보았다. 나는 조용히 그에게 말했다. "내 지갑은 이 주머니에 없어요. 이 주머니 안에는 노트 한 권만 있어요." 그는 듣고 난 이후에 사라졌다.

 9 我当了二十多年的交通警察。
나는 20여 년간 교통경찰을 했어요.

듣고 말하는 회화

회화 01

기사	어디로 가십니까?
남자	기차역이요.
기사	몇 시 기차인가요?
남자	11시 35분이요. 제시간에 도착할 수 있을까요?
기사	아직 30여 분 남았네요, 제시간에 도착할 수 있어요.
남자	그래도 좀 걱정이 돼요. 좀 빨리 운전해 주실 수 있나요?
기사	걱정 마세요. 안 막히면 15분 정도면 도착한다고 장담해요.
남자	감사합니다. 아저씨, 택시를 운전하시면 힘드시죠?
기사	그렇죠. 매일 이른 아침이면 나와서, 저녁 11, 12시가 되어야 집에 돌아갈 수 있어요.
남자	매일 열몇 시간을 운전하시면 피곤하지 않으세요?
기사	괜찮아요, 익숙해졌어요.
남자	영업은 잘 되세요?
기사	그럭저럭 괜찮아요.

회화 02

남자	아저씨, 몇 년 동안 운전을 하셨어요?
기사	곧 10년이 되어 가네요.
남자	택시를 운전하기 전에는 무슨 일을 하셨어요?
기사	저는 농촌에 가서 농부를 한 적도 있고, 공장에 들어가서 노동자가 되어 본 적도 있어요. 후에 그만두고 운전을 배워서 중고차 한 대를 샀어요.
남자	이 차는 보기에 아직 새것처럼 보이는데요.
기사	이것은 두 번째 차예요. 원래 있던 그 오래된 차는 고장이 났어요. 최근 몇 년 동안 돈을 좀 벌어서 이 새 차를 샀어요.
남자	경찰이 자주 기사님들을 힘들게 하겠어요?
기사	천만에요, 우리가 자주 그들에게 폐를 끼치죠.

회화 03

기사	당신은 중국어를 정말 유창하게 하시네요.
남자	천만에요.
기사	얼마 동안 중국어를 배웠어요?
남자	거의 반년이 되었어요.
기사	기껏해야 반년 배웠는데, 이렇게 잘 하다니, 쉽지 않을 텐데요!
남자	여기 오기 전에 중국어를 좀 배웠어요.
기사	여기 오기 전에 무슨 일을 하셨어요?
남자	여기 오기 전에 저는 경찰이었어요.
기사	무슨 경찰이요?
남자	교통경찰이요. 저는 20여 년간 교통경찰을 했어요.

쉽게 이해하는 어법

1 방 안에 단지 몇 명의 사람이 있다.
방 안에 열몇 명의 사람이 있다.
방 안에 몇십 명의 사람이 있다.

방 안에 10여 명의 사람이 있다.
나는 20여 년간 선생님을 하고 있다.

방 안에 서너 명의 사람이 있다.
방 안에 13~14명의 사람이 있다.
방 안에 30~40명의 사람이 있다.

방 안에 사람이 30명 정도 있다.
나는 중국에 온 지 거의 1년이 되었다.
나는 중국에 온 지 곧 1년이 된다.

확인 체크

❶ 40岁左右　　❷ 两三百个人
❸ 七千多块钱　　❹ 十几瓶

2　3분　1시간 반　2주
6개월　4년

우리는 매일 8시간 일한다.
우리는 매일 4시간 수업을 한다.
나는 반년간 중국어를 배운 적이 있다.
나는 반년째 중국어를 배우고 있다.

우리는 그를 한참 동안 기다렸다.

확인 체크

❶ 他去年来过。
❷ 他上个月买了一辆新车。
❸ 我们十五分钟以后到机场。
❹ 我们大概还要等一个小时。
❺ 他已经学了半年汉语了。
❻ 我每天看一个小时电视。
❼ 我来这儿三个星期了。
❽ 你搬到这个公寓多长时间了?
❾ 我大学毕业三年了。

읽고 쓰는 **본문**

　택시를 탈 때 나는 택시 기사와 이야기 나누는 것을 좋아한다. 이것은 중국어를 연습하는 좋은 기회이고, 또한 평범한 중국인을 이해할 수 있는 좋은 기회이다. 택시 기사의 일은 매우 힘든데, 봄 여름 가을 겨울을 막론하고, 바람이 불거나 비가 오는 것을 막론하고, 매일 열몇 시간씩 차를 운전해야 한다. 하지만 나는 그들 대부분이 자신의 일을 매우 좋아하고, 그들의 일도 열심히 한다는 것을 느낄 수 있다.

받아쓰고 말하는 **회화** 연습

1 A　你每天学习几个小时的汉语?
　 B　四五个小时。

A　당신은 매일 중국어를 몇 시간 공부해요?
B　4~5시간이요.

교체 표현

上 / 班 / 八个小时左右
睡 / 觉 / 六个多小时
看 / 电视 / 差不多两个小时

2 A　你已经上了三个小时的网了，该休息休息了。
　 B　知道了，马上就完。

A　너는 이미 3시간 동안 인터넷을 했으니, 좀 쉬어야 해.
B　알았어요. 곧 끝나요.

교체 표현

看 / 电视
看 / 书
加 / 班

실력 향상을 위한 **연습 문제**

1 ❶ 堵　❷ 都　❸ 净　❹ 挣
2 ❶ 我学了两年汉语了。
　❷ 我当过五年中学老师。
　❸ 我们等了他很长时间。
　❹ 我们每天上八个小时班。
3 辆 / 堵 / 及 / 车 / 烦

　수업이 끝난 후에 나는 택시를 한 대 잡아서 공항에 친구를 마중하러 갔다. 출퇴근 시간이기 때문에 길이 매우 막혔다. 나는 제시간에 도착하지 못할까 봐 걱정이 되었다. 그래서 기사 아저씨에게 좀 빨리 운전해 달라고 했다. 그러나 기사 아저씨가 너무 빨리 달릴 수 없고, 너무 빨리 운전하면 번거로운 일이 생긴다고 했다. 규정이 있기 때문에 시속 80km를 초과하면 안 된다고 했다. 길에 전자 경찰이 사진을 찍어서 초과하면 벌금을 내야 한다.

10 我能不生气吗?
제가 어떻게 화가 나지 않겠어요?

듣고 말하는 회화

회화 01

판매원	아가씨, 무엇을 사려고 하세요?
메리	저는 뭘 사고 싶은 게 아니에요. 반품하려고 해요.
판매원	어째서요?
메리	저는 여기에서 산 스웨터가 하나 있는데요, 좀 작아요. 그리고 저는 이 색을 그다지 좋아하지 않아서요, 반품하려고 해요.
판매원	산 지 얼마나 되셨나요?
메리	일주일이 안 되었어요.
판매원	살 때 입어 보지 않으셨나요?
메리	제 친구가 샀어요. 이건 그가 저에게 준 생일 선물이에요.

회화 02

판매원	영수증을 가져오셨나요?
메리	가져왔어요.
판매원	저에게 좀 보여 주세요.
메리	네. 보세요, 위에 여기 상점에서 찍은 도장이 있어요.
판매원	맞네요, 여기에서 산 것이네요. 스웨터는 입어 보지 않으셨죠?
메리	아니요, 두 번 입어 봤어요.
판매원	죄송합니다. 이 스웨터는 반품이 불가능합니다.
메리	그럼, 교환해 주세요. 녹색이 마음에 안 들어요, 노란색 또는 빨간색으로 주세요.
판매원	죄송합니다.
메리	남색도 괜찮아요.
판매원	죄송합니다. 입으신 옷은 교환이 되지 않습니다. 이것은 저희 상점의 규정입니다.

메리	이런 경우가 어디 있어요?
판매원	화내지 마세요.
메리	제가 어떻게 화가 나지 않겠어요?

회화 03

메리	제가 산 옷이 안 맞는데, 어떻게 교환이 안 되죠?
판매원	만약에 저희가 판매한 옷에 품질 문제가 있다면 당연히 교환해 드립니다. 하지만……
메리	제 친구가 살 때, 그 사람한테 교환할 수 있다고 알려주지 않았나요?
판매원	하지만 이 스웨터를 이미 두 번 입으셨잖아요.
메리	여기 서비스 태도가 너무 형편없군요!
판매원	그렇지 않아요. 저희의 서비스 태도가 나쁜가요 아니면 손님의 요구 사항이 너무 지나친 건가요?
메리	여기 매니저를 만나야겠어요.
판매원	모실게요.

쉽게 이해하는 어법

1 한 번 두 번 세 번

우리 좀 쉬자.
다시 한 번 말씀해 주세요.
우리는 매주 한 번 만난다.
나는 그녀에게 전화를 두 번 걸었었다.

우리는 그를 몇 번 봤었다.

☑ 확인 체크

❶ 次 / 遍 ❷ 遍 ❸ 次 ❹ 下儿

2 쟁반을 모두 탁자 위에 두었다.
내 우의를 어디에 두었지?

이 꽃들을 누구에게 주니?
그는 나에게 컴퓨터를 한 대 빌려 주었다.

그들 집은 작년에 베이징으로 이사 갔다.

어제저녁에 우리는 한밤중까지 이야기했다.

☑ 확인 체크

❶ 到　❷ 给　❸ 在　❹ 到　❺ 给

3 내가 산 옷이 맞지 않는데, 어째서 반품할 수 없나요? (→ 내가 산 옷이 맞지 않으니, 당연히 반품할 수 있다.)

당신들이 그에게 반품할 수 있다고 알려주지 않았나요? (→ 당신들이 그에게 반품할 수 있다고 알려주었다.)

제가 어떻게 화가 나지 않겠어요? (→ 나는 당연히 화가 났다.)

☑ 확인 체크

❶ 我已经告诉你了。
❷ 他考试不可能及格。
❸ 我的房间我能进去。
❹ 我有发票，当然能退货。
❺ 你是他最好的朋友，你一定知道。
❻ 那个人是王老师。

🟪 읽고 쓰는 본문

　나는 녹색 스웨터가 하나 있는데, 지난주 금요일 내 생일 때 친구가 나에게 준 것이다. 두 번 입었는데, 좀 작다고 느꼈고 색도 그다지 예쁘지 않아서, 상점에 가서 환불이나 교환을 요구했다. 생각지도 못하게 이 스웨터를 입었었다는 이유로 상점에서는 교환해 주려고 하지 않았다. 하지만 이 스웨터를 나는 모두 합쳐서 몇 시간밖에 입지 않아서 새것이나 마찬가지다. 만약 내가 그들에게 알려주지 않았으면, 그들이 내가 입어 봤는지 어찌 알겠는가? 내가 어떻게 화가 나지 않겠는가?

🟨 받아쓰고 말하는 회화 연습

1 A 对不起，请你再说一遍，我还没写下来。
　 B 我已经说了三遍了，你怎么还没写下来？
　 A 죄송합니다. 다시 한 번 말씀해 주세요. 제가 아직 쓰지 못했어요.
　 B 내가 이미 세 번이나 말했는데, 당신은 어째서 아직 쓰지 못했어요?

> **교체 표현**
> 写 / 看清楚
> 说 / 听懂
> 教 / 学会

2 A 明天会下雨吧？
　 B 怎么可能呢？
　 A 내일 비가 오겠죠?
　 B 어떻게 그럴 리 있겠어요?

> **교체 표현**
> 他已经回国了
> 行李恐怕超重了
> 这次比赛我们不会输

+行李 xíngli 몡 여행 짐 | **超重** chāozhòng 동 중량을 초과하다

3 A 你不是要去国外旅行吗？
　 B 谁说的？哪有时间啊！
　 A 당신은 외국으로 여행을 가려고 하는 거 아니었어요?
　 B 누가 그래요, 시간이 어디 있어요!

> **교체 표현**
> 打算开一个公司 / 钱
> 在市中心买了房子 / 钱
> 找到了一个好工作 / 机会

실력 향상을 위한 연습 문제

1 ❶ 麻烦　❷ 质量　❸ 图章　❹ 风景
2 ❶ 我穿过两次这件毛衣。
　❷ 这是我朋友送给我的礼物。
　❸ 服务员说我的要求太过分。
　❹ 有质量问题的衣服可以退换。
3 物 / 商 / 色 / 合 / 营 / 票 / 务

　　다음 주는 내 남자 친구의 생일이라, 나는 선물을 사서 그에게 주고 싶었다. 어제 나는 상점에 가서 좀 봤는데, 한 스웨터가 괜찮다고 생각했다. 이 스웨터는 남색이고 매우 예쁘다. 나는 사이즈가 맞는지 안 맞는지 몰랐다. 판매원이 만약에 맞지 않으면 영수증을 가지고 오면 교환할 수 있다고 알려주었다. 나는 듣고서 매우 안심이 되었다. 이곳의 서비스 태도는 매우 좋다.

11 里面的家具件件都是新的。
안에 있는 가구는 하나하나 모두 새것이에요.

듣고 말하는 회화

회화 01

린나　우리는 아파트 하나를 얻고 싶어요.
중개인　얼마나 큰 아파트를 얻고 싶으세요?
린나　방 두 개에 거실 하나요.
중개인　있어요. 보세요, 이것들은 모두 방 두 개에 거실 하나예요.
다나카　바로 부근에 있죠?
중개인　맞아요, 걸어가면 십몇 분밖에 안 걸려요.
다나카　TV, 에어컨 등이 모두 있나요?

중개인　염려 마세요, 모두 있어요.
린나　가서 좀 볼 수 있을까요?
중개인　제가 집주인에게 전화해서 물어볼게요.
　　……
중개인　된다고 하네요, 갑시다.
다나카　중개 수수료가 얼마예요?
중개인　만약 아파트가 마음에 드시면, 중개 수수료는 500위안을 지불하셔야 해요.

회화 02

린나　어? 엘리베이터가 없어요?
중개인　없어요, 걸어 올라가셔야 해요.
다나카　매일 이렇게 올라갔다 내려갔다 하면 힘들어 죽겠네요.
중개인　괜찮아요, 신체를 단련할 수 있잖아요.
　　……
중개인　들어오세요.
린나　주방과 화장실이 좀 작은 것 같아요.
중개인　주방과 화장실은 좀 작지만, 침실이 매우 커요. 보세요, 안에 있는 가구들은 모두 새것이에요.
다나카　가전제품은 모두 있는 거죠?
중개인　모두 있어요. 봐요, 에어컨, TV, 냉장고, 세탁기 각종 가전제품이 모두 있어요.
다나카　목욕하기가 편해요 안 편해요?
중개인　아주 편해요. 보세요, 온수기가 있어요.

회화 03

다나카　한 달 임대료가 얼마죠?
중개인　3천 위안이요. 수도와 전기 요금은 포함이 안 되고요.
린나　임대료가 좀 비싸네요. 그리고 보증금을 지불해야 하나요?
중개인　보증금 3천 위안을 지불해야 해요. 여기 계약서예요.
다나카　돌아가서 생각 좀 해볼게요.
린나　이 계약서는 우리가 가져가서 좀 볼 수 있죠?

중개인　네. 생각해 보시고, 결정한 이후에 저에게 전화 주세요.

쉽게 이해하는 **어법**

1 그들 반 학생들 모두가 똑똑하다.
방 안에 있는 물건은 모두 다 새것이다.
나는 매일 이메일을 보낸다.
모든 길은 로마로 통한다.

☑ 확인 체크

❶ 个个　❷ 杯杯

2 당신들은 방을 얻으려고 하시는 것 아닌가요?
그는 이곳 환경에 대해 그다지 만족하지 않는 것 아닌가요?
이 계약서를 우리가 가져갈 수 있는 것 아닌가요?
우리는 내일 올 필요 없는 것 아닌가요?

☑ 확인 체크

❶ 我们现在是不是可以回家了?
❷ 租金是不是可以便宜点儿?
❸ 明天我们是不是不用来上课?
❹ 大卫是不是回国了?

3 오늘의 날씨는 좀 덥다.
이 옷은 좀 비싸다.

☑ 확인 체크

❶ D　❷ D

읽고 쓰는 **본문**

　나와 나의 친한 친구는 일찌감치 학교 기숙사에서 이사 나가서 아파트를 함께 얻고 싶었다. 부동산 중개소의 소개를 거쳐, 우리는 학교에서 비교적 가까운 아파트 한 채를 선택했다. 오늘 가서 집주인을 만났고 방도 봤다. 비록 층수가 좀 높고 주방과 화장실이 좀 작기는 하지만, 대체로 그럭저럭 괜찮았다. 우리는 내일 집주인과 계약하러 간다.

받아쓰고 말하는 **회화** 연습

1 A 你觉得这里怎么样啊?
B 这里的菜 个个都好吃。

A 당신은 여기가 어떤가요?
B 여기 음식은 모두 맛있어요.

교체 표현

衣服 / 件件 / 好看
老师 / 个个 / 热情
绿茶 / 杯杯 / 好喝

2 A 我们是不是可以回去了?
B 没问题。

A 우리는 돌아갈 수 있는 거죠, 그래요 안 그래요?
B 문제없어요.

교체 표현

明天不用来
可以坐在这儿
不用付押金

실력 향상을 위한 **연습 문제**

1 ❶ 个个　❷ 件件　❸ 天天
2 ❶ 有点儿　❷ 有点儿　❸ 有点儿
❹ 一点儿　❺ 一点儿　❻ 一点儿
❼ 一点儿　❽ 一点儿
3 决 / 介 / 器 / 冰 / 调 / 梯 / 辛 / 虑

　나는 나가서 집을 얻어서 살기로 결정했다. 중개소는 나에게 학교 옆에 있는 아파트를 소개했다. 6층에 있고, 방 두 개에 거실 하나, 안에는 TV, 냉장고, 에어컨 등 가전제품이 모두 있으며 전부 새것이고, 인터넷 사용도 가능하다. 하지만 가장 큰 문제는 엘리베이터가 없다는 것이다. 매일 올라갔다 내려갔다 하면 좀 힘들다. 그래서 나는 중개인에게 좀 더 생각해 봐야겠다고 알렸다.

12 我常常一边吃饭一边工作。
저는 자주 밥 먹으면서 일해요.

🟥 듣고 말하는 **회화**

회화 01

데이비드   의사 선생님, 제가 몸이 불편한데요.

의사   어디가 불편하신가요?

데이비드   저는 온몸이 다 불편해요.

의사   온몸이 다 불편하다고요? 좀 구체적으로 말씀해 주세요.

데이비드   입맛이 없어서 먹을 수가 없어요. 이전에는 한 끼에 햄버거를 세 개 먹을 수 있었는데, 지금은 반 개만 먹을 수 있어요.

의사   입맛이 없는 것 외에 다른 문제가 있나요?

데이비드   잠을 잘 수가 없어요. 이전에는 일어나고 싶지 않았는데, 지금은 침대에 눕는 게 두려워요.

의사   잠을 못 자는 것 외에, 또 어떤 문제가 있나요?

데이비드   머리가 아프고, 기운이 없어요.

의사   먼저 검사를 좀 해봅시다.

회화 02

데이비드   제가 감기에 걸렸나요?

의사   아니요.

데이비드   열이 나나요?

의사   열이 안 나요.

데이비드   심장에 문제가 있나요?

의사   문제없어요.

데이비드   위병이 있는 건 아닌가요?

의사   아니요.

데이비드   그럼 무슨 병에 걸렸나요?

의사   아무 병도 없어요. 아주 건강해요.

데이비드   그럴 리가요?

의사   당신은 기운이 없는 것 외에 다른 것은 다 좋습니다. 여기서 일하세요 아니면 공부하세요?

데이비드   저는 회사에서 일하면서 학교에서 공부해요.

의사   업무와 학업이 많이 바쁘신 것 아닌가요?

데이비드   회사 일이 너무 바빠서, 저는 자주 밥 먹으면서 일해요. 일하는 것 외에 수업도 해야 해요. 요즘, 학기가 곧 끝나 가고 다음 주에 시험쳐야 하니, 어떻게 바쁘지 않겠어요?

회화 03

의사   처방전을 드릴게요.

데이비드   좋아요! 한약인가요 아니면 양약인가요?

의사   한약도 필요 없고, 양약도 필요 없어요.

데이비드   약을 먹을 필요가 없다고요? 주사를 맞아야 하나요? 전 주사 맞는 게 제일 무서워요.
(처방전을 읽는다) "매일 한 번 30분씩 아침에 달리기 하기, 매일 한 번 15분 동안 점심 식사 후에 침대에 누워서 재미있는 이야기 보기, 매일 한 번 1~2시간 동안 저녁 식사 후에 TV를 보거나 영화 보기." 의사 선생님, 지금 저한테 농담하시는 거죠!

🟪 쉽게 이해하는 **어법**

1 듣고 이해하다 → 듣고 이해할 수 있다, 듣고 이해할 수 없다

다 먹다 → 다 먹을 수 있다, 다 먹을 수 없다

샀다 → 살 수 있다, 살 수 없다

명확하게 보다 → 명확하게 볼 수 있다, 명확하게 볼 수 없다

들어가다 → 들어갈 수 있다, 들어갈 수 없다

집어넣다 → 집어넣을 수 있다, 집어넣을 수 없다

책의 글자가 너무 작고 내 눈이 안 좋아서 명확하게 볼 수 없다.

책이 너무 크고 가방이 너무 작아서 집어넣을 수 없다.

그가 하는 말을 너는 이해할 수 있니? / 그가 하는 말을 너는 이해할 수 있니 없니?

이렇게 많은 책을 방에 놓을 수 있니? / 이렇게 많은 책을 방에 놓을 수 있니 없니?

☑ 확인 체크

❶ 买不到
❷ 坐不下
❸ 喝得完 / 喝得完
❹ 住得惯 / 住不惯
❺ 听得懂 / 听不懂

2 그를 제외하고, 우리는 모두 중국어를 공부하고 있다.

그를 제외하고, 방 안에 있는 사람들을 나는 모두 안다.

그 외에, 나도 중국어를 공부한다.
일본어 외에, 나는 중국어도 공부한다.

☑ 확인 체크

❶ 除了英语以外，我还会说汉语。
❷ 除了咖啡以外，我都喜欢喝。

3 그는 TV를 보면서 커피를 마신다.
나는 일하면서 공부한다.

☑ 확인 체크

❶ 我一边听音乐，一边看书。
❷ 我一边唱歌，一边走路。

■ 읽고 쓰는 본문

나는 회사에서 일하면서 중국어를 공부한다. 요즘 업무와 학업이 모두 아주 바쁘다. 요 며칠 온몸이 불편해서 입맛도 없고 잠도 잘 수 없었다. 내 생각에 아마도 병에 걸린 것 같아서, 나는 의사에게 진찰을 받으러 갔다. 의사가 내린 처방은 매우 이상했다. 그는 나더러 TV를 보거나 재미있는 이

야기를 읽으라고 했다. 나는 그가 나에게 농담을 한다고 생각했다. 하지만 의사가 내린 처방은 정말 괜찮았다. 내가 의사의 말대로 한 이후에, 잠도 잘 수 있었고 밥도 먹을 수 있게 되었으며 업무 효율도 많이 높아졌다. 지금, 나는 공부하면서 일해도 이전처럼 기분이 가벼워졌다.

★ 받아쓰고 말하는 회화 연습

1 A 再吃点儿吧。
  B 不行了，我吃不下了。

  A 좀 더 먹어요!
  B 안 되겠어요, 난 못 먹겠어요.

교체 표현

喝 / 我
拿 / 手里
放 / 包里

2 A 你喜欢喝什么酒？
  B 除了白酒以外，我都喜欢喝。

  A 당신은 무슨 술을 좋아해요?
  B 바이주를 제외하고, 나는 모두 마시기를 좋아해요.

교체 표현

饮料 / 可乐
果汁 / 西红柿汁

3 A 除了北京以外，我还去过南京。
  B 是吗? 你觉得哪个更好?
  A 都差不多。

  A 베이징 외에, 나는 또 난징을 가본 적이 있어요.
  B 그래요? 어디가 더 좋아요?
  A 모두 비슷해요.

교체 표현

日本菜 / 吃 / 韩国菜
青岛啤酒 / 喝 / 哈尔滨啤酒

실력 향상을 위한 **연습 문제**

1 ❶ b ❷ c ❸ a
  ❹ e ❺ f ❻ d

2 ❶ 你哪儿不舒服？
  ❷ 她感冒了，精神不好。
  ❸ 她每天早晨跑一个小时的步。
  ❹ 他是不是在开玩笑？

3 ❶ 他吃饭吃得快不快？
  ❷ 他汉语说得好不好？
  ❸ 他汉字写得好看不好看？
  ❹ 上海话他听得懂听不懂？
  ❺ 中国菜他吃得惯吃不惯？
  ❻ 那个地方他进得去进不去？

13 差点儿让汽车撞了。
하마터면 차에 부딪칠 뻔했어요.

■ 듣고 말하는 **회화**

회화 01

데이비드	나 오늘 오후에 운이 너무 안 좋았어!
린나	왜 그래?
데이비드	점심을 먹자마자 은행에 돈을 찾으러 갔어.
린나	은행에 가서 돈을 찾는 건 쉽잖아.
데이비드	뭐가 쉬워! 시작부터 운이 없었어. 한 시간을 기다리고 나서야 돈을 받았어.
린나	어떻게 그렇게 오래 걸린 거야?
데이비드	은행의 컴퓨터가 고장 났어.
린나	이런 일이 이전에는 여태껏 일어난 적이 없었는데.
데이비드	하지만 오늘 일어났지.
린나	넌 정말 운이 없었구나!

회화 02

데이비드	은행에서 나와서, 나는 또 우체국에 가서 편지 한 통을 부쳤어.
린나	줄을 한참 선 거 아니야?
데이비드	아니, 금방 끝났어.
린나	그럼 아주 잘된 거 아니야?
데이비드	뭐가 잘돼? 우체국에서 나오자마자 문제가 생겼어.
린나	또 어떻게 됐는데?
데이비드	자전거가 안 보이는 거야.
린나	자전거를 어디에 세워 뒀는데?
데이비드	입구에 세워 뒀어.
린나	누군가 훔쳐 간 거야?
데이비드	이 자전거가 스스로 날아갈 수 있겠니?
린나	누가 이렇게 담력이 센 거지?
데이비드	역시 내 탓이지. 자전거 잠그는 것을 잊었으니까.

회화 03

린나	너 자전거를 잃어버렸다면서, 신고하러 갔니?
데이비드	신고했지. 나는 바로 파출소에 가서 신고를 하고, 그런 후에 바로 학교로 돌아갔지. 오후에 또 수업이 있었거든!
린나	어쩔 수 없이 걸어서 갔겠네?
데이비드	그렇지. 너무 급히 걸었기 때문에, 길을 건널 때 빨간불에 주의하지 못해서 하마터면 차에 부딪칠 뻔했어.
린나	정말 위험했구나! 넌 안전에 신경을 너무 쓰지 못했네!
데이비드	교실에 도착했을 때 시계를 보니 고장이 난 거야. 벌써 두 시 반이더라.
린나	한 시간이나 지각했으니 분명히 선생님께 혼났겠네.
데이비드	네 말이 맞아. 내가 교실에 들어가자마자 선생님이 나를 한바탕 혼내셨어.

쉽게 이해하는 **어법**

1 나는 곧 지갑을 너희에게 보낼 것이다.
나는 영수증을 쓰레기통에 던졌다.

그는 꽃을 탁자 위에 놓았다.
그는 꽃을 그의 여자 친구에게 보냈다.
그는 꽃을 여자 친구 집으로 보냈다.

나는 사전을 사왔다.
나는 그 사전을 사왔다.

나는 사전을 사왔다.

나는 어제 그 책을 도서관에 반납했다.
나는 그 책을 도서관에 반납하고 싶지 않다.
나는 아직 그 책을 반납하지 않았다.

☑ 확인 체크

❶ 他还没有把书还给图书馆。
❷ 你不用把这两件行李都托运到北京。
❸ 他昨天把那辆旧车卖了。
❹ 我们先把学过的内容复习一下儿吧。
❺ 别把合同带走。

2 내 자전거를 누가 훔쳐 갔다.
꽃병이 그에 의해 깨졌다.

내 자전거를 훔쳐 갔다.
꽃병이 깨졌다.

나는 하마터면 차에 부딪칠 뻔했다.
자전거는 남이 훔쳐 갔다.

기차표는 샀니?
편지는 이미 다 썼다.

☑ 확인 체크

❶ 我的电脑被我同屋搞坏了。
❷ 我的钱包和手机被小偷偷走了。
❸ 那个老人被汽车撞伤了。
❹ 我的自行车被大卫借走了。

읽고 쓰는 **본문**

　이전에 나의 오빠는 길을 건널 때 매우 조심했다. 반드시 파란불이 켜지고 난 후에야 비로소 길을 건넜다. 하지만 그의 여자 친구는 '이 사람은 담력이 너무 작아! 정말 남자답지 못해'라고 생각했다. 그래서 그와 헤어졌다. 후에 나의 오빠는 또 여자 친구가 한 명 생겼다. 그는 '나는 담력이 좀 커야 해'라고 생각했다. 그래서 그는 길을 건널 때 더 이상 신호등을 보지 않았다. 그의 여자 친구는 마음속으로 '이 사람은 어째서 신호를 위반하는 거지? 수준이 너무 떨어져!'라고 생각해서 그에게 헤어지자고 말했다.

받아쓰고 말하는 **회화** 연습

1 A 这些书怎么办?
　B 把它们放在袋子里吧。

　A 이 책들은 어떻게 하죠?
　B 그것들을 주머니 안에 넣어요.

교체 표현
> 旧书 / 送给图书馆
> 破衣服 / 扔到垃圾箱里去
> 旧家具 / 搬到楼下去

2 A 今天真倒霉!
　B 怎么啦?
　A 我的钱包被人偷走了。

　A 오늘 정말 운이 없어요!
　B 왜 그래요?
　A 내 지갑을 누가 훔쳐 갔어요.

교체 표현
> 自行车
> 电脑
> 手机

3 A 你怎么没跟她们一起去逛街?
　B 我不喜欢逛街。我一进商店就头疼。

A 당신은 어째서 그녀들과 함께 쇼핑하러 가지 않았어요?

B 저는 쇼핑을 좋아하지 않아요. 나는 상점에 들어가기만 하면 머리가 아파요.

교체 표현

喝酒 / 酒吧
唱卡拉OK / 歌厅
跳舞 / 舞厅

실력 향상을 위한 연습 문제

참고 답안

1 ❶ 你把这些花儿放在桌子上吧！
❷ 请你把你的名字写在书上。
❸ 请你在明天上午八点以前把合同交给我。
❹ 请把水电费交给房东。
❺ 你能不能把你的自行车送给别人？

2 ❶ 赢 ❷ 重 ❸ 饿 ❹ 卖
❺ 坏 ❻ 矮 / 低 ❼ 胖 ❽ 热
❾ 生 ❿ 新 ⓫ 凉快 ⓬ 难

참고 답안

3 ❶ 他一回家就打开电视。
❷ 他一喝酒就会脸红。
❸ 他一看见我就打招呼。
*打招呼 dǎ zhāohu 통 인사하다

4 局 / 以 / 把 / 望

　나는 오늘 정오에 우체국에 편지를 부치러 갔다. 자전거를 우체국 입구에 세워 두었는데, 열쇠를 잠그는 것을 잊었다. 몇 분 후에 나는 우체국에서 나와 자전거가 보이지 않는 것을 발견했다. 누가 나의 자전거를 타고 가버렸을까? 여러분, 저에게 아직 자전거를 찾을 수 있는 희망이 있을까요?

14 祝你们生活幸福!
당신들의 생활이 행복하길 기원합니다!

듣고 말하는 회화

회화 01

데이비드 그들은 어째서 교회에 가서 결혼식을 하지 않는 거지?

다나카 로마에 가면 로마법을 따르라고 하잖아.

린나 신부가 정말 예쁘다! 너 아니?

다나카 알아, 몇 번 본 적이 있어. 그녀는 성이 '리'야, 우리 학교를 졸업했어.

린나 그래? 나는 전혀 몰랐어.

이대중 듣자 하니 신랑과 신부는 동료라며?

다나카 맞아, 그들은 같은 회사에서 일하는데, 연애한 지 4년 됐어.

이대중 듣자 하니 마지막에 하마터면 성사가 안 될 뻔했다면서?

다나카 그래. 샤오리의 엄마는 이 일을 듣고 난 이후에 그다지 동의하지 않았어.

린나 왜?

데이비드 알겠다. 딸을 외국인에게 보내는데, 마음이 놓이겠니?

린나 어째서 마음이 안 놓여?

다나카 어떻게 마음이 놓이겠니?

회화 02

다나카 처음에는 샤오리의 엄마가 샤오리가 외국인과 함께 살면 생활 습관이 맞지 않을까 봐 걱정하셨어.

린나 이미 사귄 지 4년이나 되었는데, 또 무슨 문제가 있겠어?

다나카 그 외에 샤오리는 그보다 두 살 많아. 이것도 샤오리의 엄마가 맞지 않다고 생각하시는 거야.

린나 두 살 더 많은 게 무슨 상관이야?

다나카 너 아니? 샤오리는 범띠고, 마크는 용띠야.

린나	나는 여전히 이해를 못하겠는데.
다나카	너 중국어를 반년째 배우고 있는 거 아니야? 어째서 이해하지 못하는 거야?
린나	선생님이 가르쳐 주신 적이 없어.
다나카	어르신들이 말씀하시길, 한 명이 범띠고 한 명이 용띠면, 결혼한 후에 싸우게 될 거래.
린나	어찌 이런 일이 있어! 그럼 후에는?
다나카	몇 번 만난 후에 샤오리의 엄마는 마크가 하나같이 모두 좋다는 것을 발견하셨어. 중국어를 아주 유창하게 말하는 것 외에, 그는 성격도 매우 좋고 일도 매우 성실하게 해. 마크와 샤오리의 감정도 확실히 아주 좋았지. 그래서 그녀의 엄마는 반대하지 않았어.

회화 03

린나	봐, 신랑 신부가 걸어와.
데이비드	마크, 오늘은 몇 잔 더 마셔야 해!
마크	안 돼, 더 이상 못 마시겠어. 나는 이미 너무 많이 마셨어. 더 마시면 취할 것 같아.
데이비드	하지만 이 잔을 너는 반드시 마셔야 해. 자, 우리 함께 건배하자! 신랑 신부의 행복한 생활을 위하여!
린나	날마다 즐겁게 지내길 바라!
마크	자, 건배! ……데이비드, 린나, 너희 둘은 언제 축하주를 마시게 해줄 거야?
데이비드	곧, 곧!

읽고 쓰는 본문

　오늘 나는 결혼식에 참석했다. 신랑은 나와 같은 나라 사람이고, 나의 친한 친구이다. 신부는 예쁜 중국 아가씨다. 그들은 같은 회사에서 일하고, 4년 동안 연애를 했다. 처음에 신부의 부모는 딸이 외국인과 연애하는 것에 그다지 동의하지 않았다. 하지만 몇 번 만난 이후에 그들은 이 젊은이가 매우

괜찮다고 생각해서 이 외국인 사위를 받아들였다.

받아쓰고 말하는 회화 연습

1 A 再喝点儿吧。
　B 我已经喝了两杯了，不喝了。
　A 좀 더 마셔요!
　B 나는 이미 두 잔 마셨어요, 안 마실래요.

교체 표현
吃点儿 / 三碗
坐一会儿 / 两个小时
拍几张 / 三十多张

2 A 祝你生活幸福!
　B 谢谢!
　A 干杯!
　B 干杯!
　A 당신의 생활이 행복하기를 기원해요!
　B 고마워요!
　A 건배!
　B 건배!

교체 표현
学习进步
工作顺利
生日快乐

✚进步 jìnbù 통 진보하다 | 顺利 shùnlì 통 순조롭다

실력 향상을 위한 연습 문제

1 ❶ 快乐　❷ 得　❸ 过　❹ 胆子
　❺ 属　❻ 感情　❼ 谈

2 ❶ 他们没去教堂举行婚礼。
　❷ 他学了半年汉语了。
　❸ 他比小李大两岁。/
　　小李比他大两岁。
　❹ 我一点儿也不知道。

3 前 / 候 / 济 / 易 / 助 / 行 / 加 / 母

 마크와 샤오리는 3년 전에 알았다. 그때 마크는 유학생이었고 중국어를 배웠다. 샤오리는 경제학과 학생으로 국제 무역 전공이었다. 마크의 친구가 그에게 소개해 샤오리를 알게 되었다. 그들은 자주 함께 공부했는데, 마크는 샤오리가 영어를 공부하는 것을 도와주고, 샤오리는 마크가 중국어를 공부하는 것을 도와줬다. 후에 그들은 같은 회사에 갔고, 그들은 연애를 했다. 지난주 그들은 결혼식을 올렸다. 마크의 친구들은 모두 그들의 결혼식에 참석했다. 지금 마크는 더욱 바빠졌다. 그는 샤오리의 부모님이 영어를 공부하는 것도 도와줘야 한다.

老外 lǎowài　182(14과)
老样子 lǎo yàngzi　16(1과)
离 lí　149(11과)
离婚 lí hūn　189(14과)
礼物 lǐwù　128(10과)
理由 lǐyóu　137(10과)
例外 lìwài　111(8과)
俩 liǎ　43(3과)
练习 liànxí　123(9과)
恋爱 liàn'ài　182(14과)
凉快 liángkuai　81(6과)
两室一厅 liǎng shì yì tīng　142(11과)
亮 liàng　177(13과)
了解 liǎojiě　123(9과)
零下 língxià　81(6과)
另外 lìngwài　63(4과), 128(10과)
流利 liúlì　117(9과)
龙 lóng　183(14과)
楼层 lóucéng　149(11과)
绿 lǜ　128(10과)
绿茶 lǜchá　147(11과)
论文 lùnwén　17(1과)

M

麻烦 máfan　117(9과)
骂 mà　189(14과)
卖 mài　29(2과)
满 mǎn　69(5과)
满意 mǎnyì　17(1과)
毛衣 máoyī　128(10과)
贸易 màoyì　16(1과)
没错儿 méi cuòr　128(10과)
门 mén　73(5과)
免费 miǎnfèi　57(4과)

明白 míngbai　183(14과)
命令 mìnglìng　62(4과)
母亲 mǔqīn　56(4과)

N

拿 ná　93(7과)
拿走 názǒu　105(8과)
那么 nàme　80(6과)
内容 nèiróng　174(13과)
农村 nóngcūn　116(9과)
农民 nóngmín　117(9과)
女儿 nǚ'ér　182(14과)
女婿 nǚxu　187(14과)
暖和 nuǎnhuo　80(6과)
暖气 nuǎnqì　87(6과)

P

爬 pá　142(11과)
排队 pái duì　168(13과)
派 pài　62(4과)
派出所 pàichūsuǒ　169(13과)
盘子 pánzi　69(5과)
胖 pàng　42(3과)
胖子 pàngzi　113(8과)
跑步 pǎo bù　155(12과)
陪 péi　56(4과)
批评 pīpíng　169(13과)
皮肤 pífū　42(3과)
脾气 píqi　183(14과)
乒乓球 pīngpāngqiú　28(2과)
平时 píngshí　42(3과)
破 pò　92(7과)
普通 pǔtōng　123(9과)

怎么回事 zěnme huí shì	56(4과)
站 zhàn	104(8과)
着急 zháojí	17(1과)
找 zhǎo	16(1과)
找到 zhǎodào	16(1과)
找麻烦 zhǎo máfan	117(9과)
照 zhào	163(12과)
这么 zhème	80(6과)
这样 zhèyàng	93(7과)
着 zhe	23(1과), 93(7과)
真实 zhēnshí	43(3과)
挣钱 zhèng qián	117(9과)
只…不… zhǐ…bù…	68(5과)
只好 zhǐhǎo	169(13과)
质量 zhìliàng	129(10과)
中介 zhōngjiè	142(11과)
中介费 zhōngjiè fèi	142(11과)
中学 zhōngxué	125(9과)
中药 zhōngyào	155(12과)
终于 zhōngyú	23(1과)
种 zhǒng	143(11과)
主食 zhǔshí	68(5과)
注意 zhùyì	169(13과)
祝 zhù	17(1과)
抓 zhuā	111(8과)
专业 zhuānyè	16(1과)
撞 zhuàng	92(7과)
走 zǒu	105(8과)
走开 zǒukāi	113(8과)
租 zū	142(11과)
租金 zūjīn	143(11과)
足球 zúqiú	28(2과)
组织 zǔzhī	57(4과)
最 zuì	80(6과)
最后 zuìhòu	182(14과)

最近 zuìjìn	16(1과)
醉 zuì	183(14과)
左右 zuǒyòu	81(6과)
做 zuò	29(2과)

고유명사

沪 Hù	63(4과)
罗马 Luómǎ	147(11과)
美国 Měiguó	29(2과)
世界杯 Shìjiè Bēi	17(1과)